現代日本語の語彙

MODERN JAPANESE VOCABULARY

A GUIDE FOR 21ST CENTURY STUDENTS

HIRAGANA/KATAKANA EDITION

Edward Trimnell

BEECHMONT CREST PUBLISHING
Cincinnati, Ohio

•

2

Preface

Students of Japanese face many challenges that students of plain vanilla European languages never have to worry about. For example, your high school Spanish class never required you to learn several thousand kanji before you could make your way through a basic newspaper; and even German and Russian grammar seem tame after one has grappled with the counterintuitive constructs of Japanese grammar. Imagine French or Italian putting the verb at the end of the sentence—or Spanish using a different word for "five" when talking about "five airplanes" versus "five cups of coffee." For these reasons, students of the Japanese language justifiably regard themselves as a hearty, adventuresome lot. And those of us who study Japanese are fond of elaborating on its uniqueness when talking to colleagues and acquaintances who have never studied a non-European language.

However, Japanese language students face one key challenge that students of every other language also face: you have to commit scads of vocabulary to memory before you will be able to use the language at a functional level. For example, if you want to say something about a scientist carrying out an experiment on ultraviolet rays, then you will need to know the words for "scientist," "experiment," and "ultraviolet rays." Likewise, if your neighbor informs you that she had a fender-bender on the way home from the grocery store, you won't be able to ask her if it was a rear-end collision or a head-on collision unless you know the specific Japanese words for "rear-end collision" and "head-on collision." A good command of Japanese vocabulary yields practical benefits each time that you use the language.

This book is not intended to function as a dictionary, but rather as a tool for active study to prepare for specific situations. Suppose that you are going to a party tomorrow night and you have heard that a number of computer types will be in attendance. Spend a half hour or so in the section of this book entitled "Computers and the Internet," and you will know the proper Japanese words for "bandwidth," "spreadsheet software" and "cable modem." Or perhaps you will be having lunch with a person who works at a publishing company. If so, there is a section in this book that will give you the words for "weekly magazine," "index," "news conference," etc.

Unique Characteristics

This book was written with the full awareness that is *not* the first Japanese vocabulary guide to appear on the market. You will find the usual lists of pronouns, time expressions, and colors, but I have also added a number of features that you won't find in most books of its kind, including:

- As mentioned above, there is an extensive section on modern computer and Internet terminology, which is organized into subcategories: "Networking," "Software and Data Processing" etc.

- A Japanese prefixes and suffixes section

- Common Japanese homonyms

- Sino-Japanese verbs

- Transitive/intransitive verb pairs

- Lists of vocabulary words associated with some important kanji characters

- A section on environmental terminology

A Note on the Hiragana/Katakana Edition

There seems to be a schism among Japanese language students regarding the romaji vs. hiragana/katakana question. Some students prefer romaji-based pronunciation guides, while the purist crowd insists on study

4

materials that utilize only hiragana and katakana. The phonetic renderings in this book are entirely in hiragana and katakana. A subsequent edition is planned with romaji entries in the place of the kana script.

Contents

Geography & Place Names

General Terms

Japanese	Kana	English
地図	ちず	map
北	きた	north
南	みなみ	south
東	ひがし	east
西	にし	west
大陸	たいりく	continent
半島	はんとう	peninsula
島	しま	island
列島	れっとう	archipelago; island chain
国	くに	nation
国境	こっきょう	national border
隣国	りんごく	adjacent country
首都	しゅと	capitol
川	かわ	river
湖	みずうみ	lake
山	やま	mountain
平原	へいげん	plain; prairie
海	うみ	ocean
陸	りく	land
地域	ちいき	region
太平洋	たいへいよう	Pacific Ocean
大西洋	たいせいよう	Atlantic Ocean
南極圏	なんきょくけん	Antarctic Circle
北極圏	ほっきょくけん	Artic Circle
経度	けいど	longitude
緯度	いど	latitude

Regions, Continents, and Specific Countries

Japan

Japanese	Kana	English
日本	にほん	Japan
北海道	ほっかいどう	Hokkaido
本州	ほんしゅう	Honshu, the main island of Japan
関東地方	かんとう ちほう	Eastern Japan, Tokyo area
東北地方	とうほく ちほう	Tohoku, area north of Tokyo
東海地方	とうかい ちほう	Nagoya – Shizuoka area
中国地方	ちゅうごく ちほう	prefectures around Hiroshima
近畿地方	きんき ちほう	prefectures around Osaka
九州	きゅうしゅう	Kyushu, Japan's southern island
四国	しこく	island of Shikoku
樺太	からふと	Sakhalin
沖縄	おきなわ	Okinawa
日本海	にほんかい	Sea of Japan

Asia

Japanese	Kana	English
アジア	アジア	Asia
太平洋	たいへいよう	Pacific Ocean
東南アジア	とうなん アジア	Southeast Asia
香港	ほんこん	Hong Kong
ベトナム	ベトナム	Vietnam
カンボジア	カンボジア	Cambodia
ラオス	ラオス	Laos

Japanese	Kana	English
インドネシア	インドネシア	Indonesia
フィリピン	フィリピン	Philippines
スリランカ	スリランカ	Sri Lanka
韓国	かんこく	South Korea
北朝鮮	きた ちょうせん	North Korea
タイ	タイ	Thailand
中国	ちゅうごく	China
インド、印度	いんど	India
パキスタン	パキスタン	Pakistan
台湾	たいわん	Taiwan
ネパール	ネパール	Nepal
バングラデシュ	バングラデシュ	Bangladesh
ブータン	ブータン	Bhutan
ブルネイ	ブルネイ	Brunei
マカオ	マカオ	Macao
マレーシア	マレーシア	Malaysia
ミャンマー	ミャンマー	Myanmar
モンゴル	モンゴル	Mongolia
ラオス	ラオス	Laos

Oceania

Japanese	Kana	English
オセアニア	オセアニア	Oceania
オーストラリア	オーストラリア	Australia
サモア	サモア	Samoa
ソロモン諸島	ソロモン しょとう	Solomon Islands
トンガ	トンガ	Tonga
ニュージーランド	ニュージーランド	New Zealand
パプアニューギニア	パプアニューギニア	Papua New Guinea

Japanese	Kana	English
パラオ	パラオ	Palau
フィジー	フィジー	Fiji
マーシャル諸島	マーシャル　しょとう	Marshall Islands
ミクロネシア	ミクロネシア	Micronesia

The Americas

North America

Japanese	Kana	English
北米	ほくべい	North America
アメリカ	アメリカ	America
カナダ	カナダ	Canada
メキシコ	メキシコ	Mexico
ベリーズ	ベリーズ	Belize

The Caribbean

Japanese	Kana	English
カリブ海	カリブ　かい	Caribbean Sea
ケイマン諸島	ケイマン　しょとう	Cayman Islands
ハイチ	ハイチ	Haiti
ジャマイカ	ジャマイカ	Jamaica
アルバ	アルバ	Aruba
アンギラ	アンギラ	Anguilla
アンティグア・バーブーダ	アンティグア・バーブーダ	Antigua and Barbuda
オランダ領アンティル	オランダ　りょう　アンティル	Dutch Antilles
バミューダ	バミューダ	Bermuda

Japanese	Kana	English
バハマ諸島	バハマ　しょとう	the Bahamas
ドミニカ共和国	ドミニカ　きょうわこく	Dominican Republic
トリニダード・トバゴ共和国	トリニダード・トバゴ　きょうわこく	Republic of Trinidad and Tobago
キューバ	キューバ	Cuba

Central America

Japanese	Kana	English
中米	ちゅうべい	Central America
ニカラグア	ニカラグア	Nicaragua
ホンジュラス	ホンジュラス	Honduras
コスタリカ	コスタリカ	Costa Rica
エルサルバドル	エルサルバドル	El Salvador
パナマ	パナマ	Panama
グアテマラ	グアテマラ	Guatemala

South America

Japanese	Kana	English
南米	なんべい	South America
ガイアナ	ガイアナ	Guyana
コロンビア	コロンビア	Colombia
ブラジル	ブラジル	Brazil
ペルー	ペルー	Peru
ボリビア	ボリビア	Bolivia
アルゼンチン	アルゼンチン	Argentina
チリ	チリ	Chile
ウルグアイ	ウルグアイ	Uruguay
パラグアイ	パラグアイ	Paraguay
エクアドル	エクアドル	Ecuador

Japanese	Kana	English
ベネズエラ	ベネズエラ	Venezuela
スリナム	スリナム	Suriname

Europe

Western Europe

Japanese	Kana	English
欧州、 ヨーロッパ	おうしゅう、 ヨーロッパ	Europe
西欧	せいおう	Western Europe
オランダ	オランダ	Holland
イタリア	イタリア	Italy
英国、イギリス	えいこく、イギリス	England
アイルランド	アイルランド	Ireland
フランス	フランス	France
ドイツ	ドイツ	Germany
スイス	スイス	Switzerland
ベルギー	ベルギー	Belgium
オーストリア	オーストリア	Austria
スコットランド	スコットランド	Scotland
モナコ	モナコ	Monaco
リヒテンシュタイン	リヒテンシュタイン	Liechtenstein
アイスランド	アイスランド	Iceland
バチカン市国	バチカン　しこく	State of the City of Vatican
ルクセンブルグ	ルクセンブルグ	Luxembourg

Southern Europe

Japanese	Kana	English
南欧	なんおう	Southern Europe
イベリア半島	イベリア　はんとう	Iberian Peninsula
スペイン	スペイン	Spain
ポルトガル	ポルトガル	Portugal
キプロス	キプロス	Cyprus
トルコ	トルコ	Turkey
ギリシャ	ギリシャ	Greece
アルバニア	アルバニア	Albania
ブルガリア	ブルガリア	Bulgaria
マルタ	マルタ	Malta

Central / Eastern Europe

Japanese	Kana	English
中欧	ちゅうおう	Central Europe
東欧	とうおう	Eastern Europe
ユーゴスラビア	ユーゴスラビア	Yugoslavia
ポーランド	ポーランド	Poland
クロアチア	クロアチア	Croatia
ボスニア・ヘルツェゴビナ	ボスニア・ヘルツェゴビナ	Bosnia and Herzegovina
マケドニア	マケドニア	Macedonia
ルーマニア	ルーマニア	Romania
スロバキア共和国	スロバキア　きょうわこく	The Slovak Republic
スロベニア共和国	スロベニア　きょうわこく	Republic of Slovenia
チェコ共和国	チェコ　きょうわこく	The Czech Republic
ハンガリー	ハンガリー	Hungary

Northern Europe

Japanese	Kana	English
北欧	ほくおう	Northern Europe
スカンジナビア	スカンジナビア	Scandinavia
スウェーデン	スウェーデン	Sweden
フィンランド	フィンランド	Finland
グリーンランド	グリーンランド	Greenland
デンマーク	デンマーク	Denmark
ノルウェー	ノルウェー	Norway

Former Soviet Republics

Japanese	Kana	English
旧ソ連諸国	きゅうそれん しょこく	former Soviet republics
ロシア	ロシア	Russia
ウクライナ	ウクライナ	Ukraine
ウズベキスタン	ウズベキスタン	Uzbekistan
アゼルバイジャン	アゼルバイジャン	Azerbaijan
エストニア	エストニア	Estonia
カザフスタン	カザフスタン	Kazakhstan
グルジア	グルジア	Georgia
タジキスタン	タジキスタン	Tajikistan
トルクメニスタン	トルクメニスタン	Turkmenistan
ベラルーシ	ベラルーシ	Belarus
モルドバ	モルドバ	Moldova
ラトビア	ラトビア	Latvia
リトアニア	リトアニア	Lithuania

The Middle East

Japanese	Kana	English
中近東、中東	ちゅうきんとう、ちゅうとう	Middle East
サウジアラビア	サウジアラビア	Saudi Arabia
イラン	イラン	Iran
イスラエル	イスラエル	Israel
シリア	シリア	Syria
ヨルダン	ヨルダン	Jordan
アフガニスタン	アフガニスタン	Afghanistan
イラク	イラク	Iraq
アラブ首長国連邦	アラブ しゅちょう れんぽう	United Arab Emirates
イエメン	イエメン	Yemen
オマーン	オマーン	Oman
カタール	カタール	Qatar
クウェート	クウェート	Kuwait
バーレーン	バーレーン	Bahrain
リビア	リビア	Libya
エジプト	エジプト	Egypt
アルジェリア	アルジェリア	Algeria
チュニジア	チュニジア	Tunisia
モロッコ	モロッコ	Morocco
レバノン	レバノン	Lebanon

Africa

Japanese	Kana	English
アフリカ	アフリカ	Africa
リベリア	リベリア	Liberia
ルワンダ	ルワンダ	Rwanda
ケニア	ケニア	Kenya

Japanese	Kana	English
スーダン	スーダン	Sudan
モザンビーク	モザンビーク	Mozambique
南アフリカ共和国	みなみ アフリカ きょうわこく	Republic of South Africa
アンゴラ	アンゴラ	Angola
エチオピア	エチオピア	Ethiopia
エリトリア	エリトリア	Eritrea
ウガンダ	ウガンダ	Uganda
ガーナ	ガーナ	Ghana
カーボベルデ	カーボベルデ	Cape Verde
ガボン	ガボン	Gabon
カメルーン	カメルーン	Cameroon
ガンビア	ガンビア	Gambia
ギニア	ギニア	Guinea
コンゴ共和国	コンゴ きょうわこく	Republic of the Congo
コンゴ民主共和国	コンゴ みんしゅ きょうわこく	Democratic Republic of the Congo
シエラレオネ	シエラレオネ	Sierra Leone
ザンビア	ザンビア	Zambia
ジンバブエ	ジンバブエ	Zimbabwe
スワジランド王国	スワジランド おうこく	Kingdom of Swaziland
セネガル	セネガル	Senegal
チャド	チャド	Chad
中央アフリカ共和国	ちゅうおう アフリカ きょうわこく	Central African Republic
ナイジェリア	ナイジェリア	Nigeria
ナミビア	ナミビア	Namibia
ニジェール	ニジェール	Niger
ボツワナ	ボツワナ	Botswana
マダガスカル	マダガスカル	Madagascar

Family Relationships

General Terms

Japanese	Kana	English
家族	かぞく	family
血を分ける	ち を わける	"to share blood;" to be blood relations
家庭	かてい	household; family
家庭争議	かてい そうぎ	family discord
家族構成	かぞく こうせい	family structure
核家族	かく かぞく	nuclear family
先祖	せんぞ	ancestor
相続財産	そうぞく ざいさん	inheritance

Spouses

Japanese	Kana	English
家内	かない	one's own wife
主人	しゅじん	one's own husband
御主人	ごしゅじん	another's husband
奥さん	おくさん	another's wife
夫	おっと	husband (legal/objective term)
妻	つま	wife (legal/objective term)
亭主	ていしゅ	one's husband
女房	にょうぼう	one's wife
旦那さん	だんなさん	master of the house; husband
お上さん	おかみさん	lady of the house; wife
婦人	ふじん	woman, lady
男やもめ	おとこやもめ	widower
未亡人	みぼうじん	widow

Parents

Japanese	Kana	English
親	おや	parent
両親	りょうしん	parents
親ばか	おやばか	parental indulgence
金銭は親子も他人	きんせん は おやこ も たにん	"Money separates even parent and child." [proverb]
母	はは	my mother
父	ちち	my father
お母さん	おかあさん	mother (polite)
お父さん	おとうさん	father (polite)
教育ママ	きょういく ママ	a mother who puts excessive emphasis on her children's education

Children

Japanese	Kana	English
子供	こども	child
子供のない	こども の ない	childless
甘やかす	あまやかす	to spoil a child
息子・娘	むすこ・むすめ	son / daughter
坊ちゃん	ぼっちゃん	son (polite)
お嬢ちゃん	おじょうちゃん	daughter (polite)
長男	ちょうなん	eldest son
長女	ちょうじょ	eldest daughter
次男	じなん	second son
次女	じじょ	second daughter
腕白小僧	わんぱく こぞう	a mischievous child; an urchin
養子	ようし	adopted child
養子にする	ようし に する	to adopt a child

Japanese	Kana	English
孤児	こじ	orphan

S i b l i n g s

Japanese	Kana	English
兄弟	きょうだい	siblings
兄	あに	elder brother
姉	あね	elder sister
お兄さん	おにいさん	elder brother (polite)
お姉さん	おねえさん	elder sister (polite)
妹	いもうと	younger sister
弟	おとうと	younger brother
弟さん	おとうとさん	younger brother (polite)
姉妹	しまい	sisters

R e l a t i v e s

Japanese	Kana	English
親戚・親類	しんせき・しんるい	relative
従兄弟	いとこ	cousin
叔母、伯母	おば	aunt
叔父、伯父	おじ	uncle
祖母	そぼ	grandmother
祖父	そふ	grandfather
祖父母	そふぼ	grandparents
おじいさん	おじいさん	grandfather (polite)
おばあさん	おばあさん	grandmother (polite)
孫	まご	grandchild
曾祖父	そうそふ	great-grandfather
曾祖母	そうそぼ	great-grandmother

Japanese	Kana	English
曾祖父母	そうそふぼ	great-grandparents
甥・姪	おい・めい	nephew / niece
義理の母	ぎり の はは	mother-in-law
舅	しゅうと	husband's father
姑	しゅうとめ	husband's mother
義理の父	ぎり の ちち	father-in-law
保護者	ほごしゃ	guardian
婿	むこ	son-in-law
嫁	よめ	daughter-in-law

Love, Marriage, and Sex

L o v e   &   M a r r i a g e

Japanese	Kana	English
惚れる	ほれる	to fall for
一目惚れ	ひとめ ぼれ	love at first sight
片思い	かたおもい	unrequited love
恋は盲目	こい は もうもく	"Love is blind."
恋に悩む	こい に なやむ	to be lovesick
恋文	こいぶみ	love letter
恋人	こいびと	sweetheart
結婚を申し込む	けっこん を もうしこむ	to propose marriage
結婚する	けっこん する	to get married
結婚式	けっこんしき	wedding ceremony
結婚相手	けっこん あいて	marriage partner
結婚披露宴	けっこん ひろうえん	wedding reception
結婚記念日	けっこん きねんび	wedding anniversary
亭主関白	ていしゅ かんぱく	a man who "wears the pants in the family"

22

Japanese	Kana	English
恐妻家	きょうさいか	a hen-pecked husband
離婚する	りこん する	to divorce
妾	めかけ	mistress
同居する	どうきょ する	to live together
別居する	べっきょ する	to be separated
お見合い	おみあい	meeting to discuss an arranged marriage

Sex

Japanese	Kana	English
セックスをする	セックス を する	to have sex
浮気をする	うわき を する	to have an affair; to be unfaithful
裸の	はだか の	naked; nude
淫乱な	いんらん な	lewd; lechreous
猥褻な	わいせつ な	obscene; indecent
セックハラ	セックハラ	sexual harassment
性病	せいびょう	venereal disease
梅毒	ばいどく	syphilis
エロ電	エロ でん	obscene phone call; 900 number
同性愛の	どうせいあい の	homosexual
ゲイの	ゲイ の	gay

Humanity at Large

Japanese	Kana	English
友情	ゆうじょう	friendship
愛の鞭	あい の むち	tough love
名前	なまえ	name
名字	みょうじ	surname

Japanese	Kana	English
一生	いっしょう	one's entire life
生まれる	うまれる	to be born
誕生日	たんじょうび	birthday
赤ちゃん・赤ん坊	あかちゃん・あかんぼう	baby
大人	おとな	adult
思春期	ししゅんき	adolescence
若者	わかもの	youngster
中年	ちゅうねん	middle age
年齢・年	ねんれい・とし	age
命・生命	いのち・せいめい	life
死	し	death
生きる	いきる	to live
死ぬ	しぬ	to die
運命	うんめい	fate
寿命	じゅみょう	life span
亡くなる	なく　なる	to pass away
握手する	あくしゅ　する	to shake hands
挨拶する	あいさつ　する	to greet

Emotions

Japanese	Kana	Definition
感情	かんじょう	emotions
ストレス	ストレス	stress
躁うつ病	そううつびょう	manic depression
怒り	いかり	anger
喜び	よろこび	joy
落胆	らくたん	disappointment
愛情	あいじょう	love
憎悪	ぞう　お	hatred

Japanese	Kana	Definition
悲観（主義）	ひかん （しゅぎ）	pessimism
楽観（主義）	らっかん （しゅぎ）	optimism
妄想・強迫観念	もうそう ・ きょうはく かんねん	obsession
感謝	かんしゃ	gratitude
嫌悪	けんお	disgust
誇り	ほこり	pride
自尊心	じそんしん	self-respect
謙遜	けんそん	humility
悲しみ	かなしみ	sadness
悲哀	ひあい	pathos
喜怒哀楽	き ど あい らく	feelings; emotions
劣等感	れっとうかん	inferiority complex
無関心	むかんしん	indifference
憤怒	ふんど	rage

The Human Body

G e n e r a l   T e r m s

Japanese	Kana	English
体	からだ	body
体重	たいじゅう	body weight
身長	しんちょう	height
体型	たいけい	one's figure

The Head

Japanese	Kana	English
頭	あたま	head
髪	かみ	hair
髪をとかす	かみ を とかす	to comb one's hair
髪型	かみがた	hairstyle
白髪	しらが	white hair
禿げる	はげる	to go bald
顔	かお	face
ほくろ	ほくろ	mole
えくぼ	えくぼ	dimple
そばかす	そばかす	freckle
にきび	にきび	pimple
表情	ひょうじょう	facial expression
しわ	しわ	wrinkle
目	め	eye
眉	まゆ	eyebrow
まつ毛	まつげ	eyelash
まぶた	まぶた	eyelid
耳	みみ	ear
頬	ほう・ほほ	cheek
鼻	はな	nose
口	くち	mouth
唇	くちびる	lip
舌	した	tongue
歯	は	tooth
歯をみがく	は を みがく	to brush one's teeth
歯茎	はぐき	gums
顎	あご	chin; jaw
首・喉	くび・のど	neck / throat

The Senses

Japanese	Kana	English
五感	ごかん	five senses
視覚	しかく	vision
聴覚	ちょうかく	hearing
嗅覚	きゅうかく	sense of smell
味覚	みかく	taste
触覚	しょっかく	sense of touch
匂う・嗅ぐ	におう・かぐ	to smell
聞こえる	きこえる	to be audible
見える	みえる	to be visible
触る・触れる	さわる・ふれる	to touch
見る	みる	to look
眺める	ながめる	to gaze
聞く	きく	to listen

The Trunk and Limbs

Japanese	Kana	English
胴	どう	trunk
肩	かた	shoulder
胸	むね	chest; breast
腹	はら	abdomen
乳房	ちぶさ	breasts
背中	せなか	back
腰	こし	waist, hips
尻	しり	bottom
そけい部	そけい ぶ	groin
へそ	へそ	navel
腕	うで	arm

27

Japanese	Kana	English
肘	ひじ	elbow
手	て	hand
手の平	て の ひら	palm
拳	こぶし	fist
手首	てくび	wrist
指	ゆび	finger
爪	つめ	nail (finger, toe)
親指	おやゆび	thumb
人差指	ひとさしゆび	forefinger
中指	なかゆび	middle finger
薬指	くすりゆび	ring finger
小指	こゆび	little finger
足	あし	leg, foot
太腿	ふともも	thigh
ふくらはぎ・こむら	ふくらはぎ・こむら	calf
脛	すね	shin
足首	あしくび	ankle
踵	かかと	heel
爪先	つまさき	toe, tiptoe
足の指	あし の ゆび	toe
足の裏	あし の うら	sole

Internal Organs

Japanese	Kana	English
内臓	ないぞう	organ
肺	はい	lungs
心臓	しんぞう	heart
肝臓	かんぞう	liver
腎臓	じんぞう	kidney

Japanese	Kana	English
胆のう	たんのう	gall bladder
膵臓	すいぞう	pancreas
胃	い	stomach
腸	ちょう	intestines
盲腸	もうちょう	appendix
十二指腸	じゅうにしちょう	duodenum
脳	のう	brain
卵巣	らんそう	ovary
子宮	しきゅう	uterus
頭蓋骨	ずがいこつ	skull
肉	にく	flesh
骨	ほね	bone
筋肉	きんにく	muscle
脂肪	しぼう	fat
皮膚・肌	ひふ・はだ	skin
背骨	せぼね	backbone
脊髄	せきずい	spinal cord
肋骨	ろっこつ	rib
関節	かんせつ	joint
アキレス腱	アキレスけん	Achilles' tendon
神経	しんけい	nerve
血管	けっかん	blood vessel
血液・血	けつえき・ち	blood
動脈	どうみゃく	artery
静脈	じょうみゃく	vein

Bodily Movements

Japanese	Kana	English
歩く	あるく	to walk
動く	うごく	to move
散歩する	さんぽ する	to go for a walk
走る	はしる	to run
踏む	ふむ	to step on
跳ぶ	とぶ	to jump
蹴る	ける	to kick
転ぶ	ころぶ	to fall down
滑る	すべる	to slide
握る	にぎる	to grasp; to grip
座る	すわる	to sit
腰掛ける	こしかける	to sit (in a chair)
もたれる	もたれる	to lean
抱く	だく	to hold; to embrace
持つ	もつ	to hold
つねる	つねる	to pinch
つかむ	つかむ	to seize; to grasp
掻く	かく	to scratch
息	いき	breath
欠伸をする	あくび を する	to yawn
吸う	すう	to inhale; to sip
吐く	はく	to breathe out; to vomit

Medicine / Health

General Terms

Japanese	Kana	Definition
病気	びょうき	illness; disease
検査	けんさ	exam; check-up
医者・医師	いしゃ・いし	doctor
医院	いいん	doctor's office; clinic
病院	びょういん	hospital
救急車	きゅうきゅうしゃ	ambulance
入院する	にゅういん する	to check into the hospital
退院する	たいいん する	to be discharged from the hospital
症状	しょうじょう	symptoms
頭痛	ずつう	headache
腹痛	ふくつう	stomach ache
消化不良	しょうか ふりょう	indigestion
吐き気がする	はきけ が する	to have nausea
下痢	げり	diarrhea
便秘	べんぴ	constipation
めまいがする	めまい が する	to be dizzy
耳鳴りがする	みみなり が する	to have a ringing in the ears
気を失う	き を うしなう	to faint
腫れる	はれる	to swell
かゆい	かゆい	itchy
鼻水	はなみず	snivel
くしゃみをする	くしゃみ を する	to sneeze
咳がでる	せき が でる	to cough
汗をかく	あせ を かく	to sweat
唾・唾液	つば・だえき	saliva

31

Japanese	Kana	Definition
食欲がある	しょくよく が ある	to have a good appetite
疲れる	つかれる	to get tired
疲労	ひろう	fatigue
中毒	ちゅうどく	poisoning
化膿する	かのう する	to suppurate
出血	しゅっけつ	bleeding
炎症を起こす	えんしょう を おこす	to become inflamed
瘤	こぶ	lump
傷跡	きずあと	scar
ばい菌・細菌	ばいきん・さいきん	bacteria
ウイルス・ビールス	ウイルス・ビールス	virus
衛生	えいせい	hygiene; health
医療	いりょう	medical treatment
病気になる	びょうき に なる	to fall ill
回復する・直る	かいふく する・なおる	to recover
診療所	しんりょうじょ	clinic; infirmary
診断 する	しんだん する	to diagnose
治療	ちりょう	treatment
治療不可能な	ちりょう ふかのう な	incurable
処方箋	しょほうせん	prescription
聴診器	ちょうしんき	stethoscope
体温計	たいおんけい	thermometer
看護婦	かんごふ	nurse (female)
看護士	かんごし	nurse (male)
注射	ちゅうしゃ	injection
注射針	ちゅうしゃばり	hypodermic needle
予防注射する	よぼう ちゅうしゃ する	to vaccinate
消毒する	しょうどく する	to disinfect
消毒剤	しょうどくざい	antiseptic; disinfectant

Japanese	Kana	Definition
包帯	ほうたい	bandage
絆創膏	ばんそうこう	adhesive plaster
脈拍	みゃくはく	pulse
心電図	しんでんず	electrocardiogram
脳波	のうは	brain waves
レントゲンをとる	レントゲン を とる	to take an X-ray
尿を検査する	にょう を けんさ する	to perform a urinalysis
伝染病	でんせんびょう	contagious disease
インフレンザ	インフレンザ	influenza
捻挫	ねんざ	sprain
アレルギー	アレルギー	allergy
錠剤	じょうざい	pill; tablet
抗生物質	こうせい ぶっしつ	antibiotic

S u r g e r y   a n d   I n t e r n a l   M e d i c i n e

Japanese	Kana	Definition
内科	ないか	internal medicine
手術	しゅじゅつ	operation, surgery
外科医	げかい	surgeon
扁桃腺炎	へんとうせんえん	tonsillitis
肺炎	はいえん	pneumonia
腎臓結石	じんぞう けっせき	kidney stone
動脈硬化	どうみゃく こうか	arterial sclerosis
卒中	そっちゅう	stroke
心臓麻痺	しんぞう まひ	heart attack
肝炎	かんえん	hepatitis
腎炎	じんえん	nephritis
糖尿病	とうにょうびょう	diabetes

Japanese	Kana	Definition
白血病	はっけつびょう	leukemia
胃潰瘍	いかいよう	stomach ulcer
輸血	ゆけつ	blood transfusion
血液型	けつえきがた	blood type
高血圧	こうけつあつ	high blood pressure
低血圧	ていけつあつ	low blood pressure
点滴	てんてき	drip infusion
癌	がん	cancer
検死	けんし	autopsy
死体	したい	corpse

Pediatrics

Japanese	Kana	Definition
成長する	せいちょう する	to grow
小児科	しょうにか	pediatrics
水疱瘡	みずぼうそう	chicken pox
麻疹	はしか	measles
破傷風	はしょうふう	tetanus
小児麻痺	しょうにまひ	polio
風疹	ふうしん	German measles
天然痘	てんねんとう	smallpox
ビタミン	ビタミン	vitamin

Obstetrics and Gynecology

Japanese	Kana	Definition
産婦人科	さんふじんか	obstetrics and gynecology
妊娠	にんしん	pregnancy
流産	りゅうざん	miscarriage

Japanese	Kana	Definition
つわり	つわり	morning sickness
妊娠中絶	にんしん　ちゅうぜつ	abortion
帝王切開	ていおう　せっかい	Cesarean birth
陣痛	じんつう	labor pains
産婆	さんば	midwife
新生児	しんせいじ	newborn baby
未熟児	みじゅくじ	premature baby
月経・生理	げっけい・せいり	menstruation
避妊具	ひにんぐ	contraceptive device

Dermatology

Japanese	Kana	Definition
皮膚科	ひふか	dermatology
にきび	にきび	pimple
疣	いぼ	wart
発疹	はっしん	rash
水虫	みずむし	athlete's foot

Ophthalmology

Japanese	Kana	Definition
眼科	がんか	ophthalmology
眼鏡	めがね	glasses
白内障	はくないしょう	cataracts
近視	きんし	short-sighted
遠視	えんし	far-sighted
乱視	らんし	astigmatism
盲人・めくら	もうじん・めくら	blind
コンタクトレンズ	コンタクトレンズ	contact lens

Dentistry

Japanese	Kana	Definition
歯科	しか	dentistry
虫歯	むしば	decayed tooth
入れ歯	いれば	denture

Government

General Terms

Japanese	Kana	English
政府	せいふ	government
立法	りっぽう	legislation
旗	はた	flag
日の丸	ひ の まる	Japanese national flag
帝国	ていこく	empire
君主国	くんしゅこく	monarchy
政治家	せいじか	politician
憲法	けんぽう	constitution
共和国	きょうわこく	republic
社会主義	しゃかいしゅぎ	socialism
首相	しゅしょう	prime minister
王室	おうしつ	royal family
皇室、皇族	こうしつ、こうぞく	imperial family
王	おう	king
女王	じょおう	queen
王女	おうじょ	princess
王子	おうじ	prince

Japanese	Kana	English
天皇（陛下）	てんのう（へいか）	(his majesty) the Emperor
皇后（陛下）	こうごう（へいか）	(her majesty) the Empress
皇太子	こうたいし	Crown Prince
皇太子妃	こうたいしひ	Crown Princess
大統領	だいとうりょう	president
行政	ぎょうせい	administration
共産主義	きょうさんしゅぎ	communism
帝国主義	ていこくしゅぎ	imperialism
民主主義	みんしゅしゅぎ	democracy
公務員	こうむいん	civil servant
委員会	いいんかい	committee
任期	にんき	term of office
任命	にんめい	appointment

National Diet / Congress / Cabinet

Japanese	Kana	English
国会	こっかい	national diet
代議士	だいぎし	diet member
内閣	ないかく	Cabinet
総理大臣	そうり　だいじん	Prime Minister
国会議事堂	こっかい　ぎじどう	diet building
議会	ぎかい	Congress
衆議院	しゅうぎいいん	House of Representatives
参議院	さんぎいん	House of Councillors
上院	じょういん	senate
上院議員	じょういん　ぎいん	senator
政党	せいとう	political party

Japanese	Kana	English
自民党	じみんとう	Liberal Democratic Party; LDP
社会党	しゃかいとう	Socialist Party
民社党	みんしゃとう	Democratic Socialist Party
公明党	こうめいとう	Clean Government Party
共産党	きょうさんとう	Communist Party
保守党	ほしゅとう	Conservative Party (U.K.)
労働党	ろうどうとう	Labour Party (U.K.)
共和党	きょうわとう	Republican Party (U.S.)
民主党	みんしゅとう	Democratic Party (U.S.)

Ministries / Agencies

Japanese	Kana	English
大臣	だいじん	minister
文部省	もんぶしょう	Ministry of Education
大蔵省	おおくらしょう	Ministry of Finance
厚生省	こうせいしょう	Ministry of Health & Welfare
通商産業省、通産省	つうさん さんぎょうしょう、つうさんしょう	Ministry of International Trade & Industry; MITI
外務省	がいむしょう	Ministry of Foreign Affairs
農林省	のうりんしょう	Ministry of Agriculture & Forestry
法務省	ほうむしょう	Ministry of Justice
郵政省	ゆうせいしょう	Ministry of Posts & Communications
建設省	けんせつしょう	Ministry of Construction
労働省	ろうどうしょう	Ministry of Labor

Japanese	Kana	English
自治省	じちしょう	Ministry of Home Affairs
運輸省	うんゆしょう	Ministry of Transport
長官	ちょうかん	agency director
科学技術庁	かがく ぎじゅつ ちょう	Science & Technology Agency
経済企画庁	けいざい きかく ちょう	Economic Planning Agency
環境庁	かんきょうちょう	Environmental Agency
防衛庁	ぼうえいちょう	Defense Agency

Language & Literature

General Terms

Japanese	Kana	English
言語	げんご	language
文法	ぶんぽう	grammar
言葉	ことば	language; word
名詞	めいし	noun
形容詞	けいようし	adjective
動詞	どうし	verb
文	ぶん	sentence
副詞	ふくし	adverb
母国語	ぼこくご	mother tongue
方言	ほうげん	dialect
標準語	ひょうじゅんご	standard language; standard Japanese
諺	ことわざ	proverb
字	じ	letter, character
漢文	かんぶん	Chinese classics

Japanese	Kana	English
助詞	じょし	particle
接続詞	せつぞくし	conjunction
主語	しゅご	subject
活用する	かつよう する	to conjugate
述語	じゅつご	verb, predicate
目的語	もくてきご	object
現在形	げんざいけい	present tense
過去形	かこけい	past tense
未来形	みらいけい	future tense
括弧、カッコ	かっこ	parenthesis
熟語	じゅくご	phrase, compound word
同意語	どういご	synonym
反意語	はんいご	antonym
意味	いみ	meaning
発音する	はつおん する	to pronounce
略語	りゃくご	abbreviation
古文	こぶん	ancient Japanese
口語	こうご	colloquial language
文語	ぶんご	literary language
句	く	phrase
句読点	くとうてん	punctuation mark
段落	だんらく	paragraph
節	せつ	clause
単語	たんご	word
語彙	ごい	vocabulary
ローマ字	ローマ じ	romaji
数字	すうじ	numeral
平仮名	ひらがな	hiragana
片仮名	かたかな	katakana
漢字	かんじ	kanji

Japanese	Kana	English
流暢な	りゅうちょう な	fluent
共通語	きょうつうご	common language
母国語	ぼこくご	mother tongue
国際語	こくさいご	international language
死語	しご	dead language
通訳する	つうやく する	to interpret
翻訳する	ほんやく する	to translate
用語	ようご	term, terminology
危機言語	きき げんご	endangered language
少数民族言語	しょうすう みんぞく げんご	minority language

Specific Languages

Japanese	Kana	English
日本語	にほんご	Japanese
英語	えいご	English
フランス語	フランス ご	French
ドイツ語	ドイツ ご	German
ロシア語	ロシア ご	Russian
イタリア語	イタリア ご	Italian
ポルトガル語	ポルトガル ご	Portuguese
韓国語	かんこく ご	Korean
タイ語	タイ ご	Thai
インドネシア語	インドネシア ご	Indonesian
トルコ語	トルコ ご	Turkish
スワヒリ語	スワヒリ ご	Swahili
スペイン語	スペイン ご	Spanish
タガログ語	タガログ ご	Tagalog
フィリピン語	フィリピン ご	Pilipino
中国語	ちゅうごくご	Chinese

Japanese	Kana	English
アラビア語	アラビア ご	Arabic
オランダ語	オランダ ご	Dutch
ラテン語	ラテン ご	Latin
カンボジア語	カンボジア ご	Cambodian; Khmer
ギリシャ語	ギリシャ ご	Greek
エスペラント語	エスペラント ご	Esperanto
チベット語	チベット ご	Tibetan
ヒンディー語	ヒンディー ご	Hindi
フィンランド語	フィンランド ご	Finnish
ベトナム語	ベトナム ご	Vietnamese
ヘブライ語	ヘブライ ご	Hebrew
ペルシャ語	ペルシャ ご	Persian, Farsi
ウルドゥー語	ウルドゥー ご	Urdu
ルーマニア語	ルーマニア ご	Romanian
ラオス語	ラオス ご	Laotian

Speech and Expression

Japanese	Kana	English
話す	はなす	to talk
言う	いう	to say
意見	いけん	opinion
喋る	しゃべる	to chatter, to chat
黙る	だまる	to become silent
口がうまい	くち が うまい	to be a smooth talker
二枚舌を使う	にまい じた を つかう	to be double-tongued, to be a "two-face"
お喋りな	おしゃべり な	loquacious; talkative
どもる	どもる	to stammer
声	こえ	voice
もぐもぐ言う	もぐもぐ いう	to mumble

Japanese	Kana	English
述べる	のべる	to state; to mention
表現力のある	ひょうげんりょく の ある	articulate (adj.)

L i t e r a t u r e

Japanese	Kana	English
文学	ぶんがく	literature
詩	し	poetry
詩人	しじん	poet
散文	さんぶん	prose
韻文	いんぶん	verse
随筆	ずいひつ	essay
小説	しょうせつ	novel
小説家	しょうせつか	novelist
歴史小説	れきし しょうせつ	historical novel
推理小説	すいり しょうせつ	detective novel
恋愛小説	れんあい しょうせつ	romance novel
伝記	でんき	biography
日記	にっき	diary
回顧録	かいころく	memoir
自叙伝	じじょでん	autobiography
喜劇	きげき	comedy
悲劇	ひげき	tragedy
劇作家	げきさっか	dramatist
劇、芝居	げき、しばい	drama
登場人物	とうじょう じんぶつ	characters
題名	だいめい	title
文体	ぶんたい	style
韻	いん	rhyme
原稿	げんこう	manuscript

Japanese	Kana	English
解釈	かいしゃく	interpretation
批評家	ひひょうか	critic, (book) reviewer
主人公	しゅじんこう	hero, heroine
筋	すじ	plot
台詞	せりふ	speech, words
場面	ばめん	scene
幕	まく	act
脚本	きゃくほん	script
俳句	はいく	17-syllable Japanese poem
俳人	はいじん	haiku poet
詩吟	しぎん	recitation of Chinese poetry
川柳	せんりゅう	satirical poem
短歌、和歌	たんか、わか	31-syllable Japanese poem
歌人	かじん	*tanka* poet
風刺	ふうし	satire
物語	ものがたり	tale, literary story
神話	しんわ	myth
寓話	ぐうわ	fable, allegory
お伽話	おとぎばなし	fairy tale
竜	りゅう	dragon
怪物	かいぶつ	monster
鬼	おに	devil, ogre
河童	かっぱ	water imp
天狗	てんぐ	long-nosed goblin
童話	どうわ	children's story
伝説	でんせつ	legend

Art & Sculpture

General Terms

Japanese	Kana	English
芸術	げいじゅつ	art
油絵	あぶらえ	oil painting
絵、絵画	え、かいが	picture
日本画	にほんが	Japanese style painting
水彩画	すいさいが	watercolor painting
肖像画、人物画	しょうぞうが、じんぶつが	portrait
絵の具	えのぐ	paints
筆	ふで	brush
屏風絵	びょうぶえ	painting on a folding screen
画家	がか	painter, artist
造園	ぞうえん	landscape gardening
盆栽	ぼんさい	miniature potted plant; *bonsai*
版画	はんが	woodblock print
山水画	さんすいが	landcape painting
春画	しゅんが	erotic painting
墨絵	すみえ	black and white painting
絵本	えほん	picture book
美人画	びじんが	portrait of a beautiful girl
花鳥画	かちょうが	painting of flowers, birds, etc.
和紙	わし	Japanese paper
静物画	せいぶつが	still life
硯	すずり	inkstone
墨	すみ	ink stick

45

Japanese	Kana	English
風景画	ふうけいが	landscape painting
素描	そびょう	rough sketch
半紙	はんし	Japanese writing paper
自画像	じがぞう	self-portrait
襖絵	ふすまえ	painting on a *fusuma* screen
展覧会	てんらんかい	exhibition
展示会	てんじかい	smaller exhibition
画廊	がろう	art gallery
美術評論家	びじゅつ ひょうろんか	art critic
美術商	びじゅつしょう	art dealer
美術館	びじゅつかん	art museum

Ceramics and Sculpture

Japanese	Kana	Definition
陶芸	とうげい	ceramics
彫刻	ちょうこく	sculpture
土器	どき	earthenware
石器	せっき	stoneware
焼物	やきもの	pottery
青磁	せいじ	celadon
陶器	とうき	crockery, pottery
轆轤を回す	ろくろ を まわす	turn a potter's wheel
楽焼	らくやき	hand-molded earthenware
粘土	ねんど	clay
窯	かま	kiln
磁器	じき	porcelain
上薬	うわぐすり	glaze, enamel
塑像	そぞう	stone carving

Japanese	Kana	Definition
石膏	せっこう	plaster
木彫	もくちょう、きぼり	wood carving
石彫	せきちょう	stone carving
彫る	ほる	engrave, carve

Japanese Culture

Japanese	Kana	English
日本文化	にほん　ぶんか	Japanese culture
日本刀	にほんとう	Japanese sword
花見	はなみ	cherry-blossom viewing
茶道	さどう	tea serving
生け花、華道	いけばな、かどう	flower arranging, *ikebana*
島国	しまぐに	island country
大和魂	やまと　だましい	Japanese spirit

Music, Dance, & Theater

M u s i c

Japanese	Kana	English
音楽	おんがく	music
楽譜	がくふ	musical score
音階	おんかい	scale
作詞する	さくし　する	to write lyrics
旋律	せんりつ	melody
演奏する	えんそう　する	to perform
曲	きょく	tune

Japanese	Kana	English
打楽器	だがっき	percussion instrument
シンセサイザー	シンセサイザー	synthesizer
カラオケ	カラオケ	karaoke
拍子	ひょうし	beat, measure
作曲する	さっきょく する	to compose music
作曲家	さっきょくか	composer
編曲する	へんきょく する	to arrange music
尺八	しゃくはち	bamboo flute
琵琶	びわ	lute
笛	ふえ	Japanese-style flute
太鼓、ドラム	たいこ、ドラム	drum
協奏曲	きょうそうきょく	concerto
シンバル	シンバル	cymbal
琴	こと	horizontal harp with 13 strings
ピアノ	ピアノ	piano
楽器	がっき	musical instrument
ギターを弾く	ギター を ひく	to play the guitar
バイオリン	バイオリン	violin
フルート	フルート	Western-style flute
ラッパ	ラッパ	bugle
トランペット	トランペット	trumpet
管楽器	かんがっき	wind instrument
ワルツ	ワルツ	waltz
管弦楽	かんげんがく	symphony
室内楽	しつないがく	chamber music
交響曲	こうきょうきょく	symphony
和音	わおん	chord
楽団	がくだん	band
指揮棒	しきぼう	baton

Japanese	Kana	English
合唱する	がっしょう する	to sing in chorus
音痴	おんち	tone deaf
流行歌	りゅうこうか	popular song
童謡	どうよう	nursery rhyme
ロック	ロック	rock
ソフトロック	ソフトロック	soft rock
フォーク	フォーク	folk music
ポピュラー音楽	ポピュラー おんがく	popular music
演歌	えんか	sentimental popular song
子守唄	こもりうた	lullaby
ジャズ	ジャズ	jazz
民謡	みんよう	traditional folk song
歌曲	かきょく	a lied, artistic song
歌	うた	song
歌う	うたう	to sing
歌手	かしゅ	singer
指揮者	しきしゃ	conductor
独唱する	どくしょう する	to sing a solo
演奏会	えんそうかい	concert
交響管弦楽	こうきょう かんげんがく	symphony orchestra
合奏する	がっそう する	to play in concert
伴奏する	ばんそう する	to play an accompaniment
独奏する	どくそう する	to play solo

D a n c e

Japanese	Kana	English
舞踊、踊る	ぶよう、おどる	dance (n.)
踊る	おどる	to dance

Japanese	Kana	English
バレー	バレー	ballet
民族舞踊、 フォークダンス	みんぞく ぶよう、 フォークダンス	folk dance
日本舞踊	にほん ぶよう	traditional Japanese dance
盆踊り	ぼん おどり	Bon festival dancing
モダンダンス	モダンダンス	modern dance

Theater

Japanese	Kana	English
演劇	えんげき	theater, drama
劇場	げきじょう	theater (place)
俳優、役者	はいゆう、やくしゃ	actor
舞台	ぶたい	stage
芸名	げいめい	stage name
舞台装置	ぶたい そうち	stage set
舞台衣裳	ぶたい いしょう	stage costume
幕	まく	curtain
新劇	しんげき	modern theater
歌舞伎	かぶき	Japanese *kabuki* theater
拍手	はくしゅ	applause
黒子	くろこ	black clad stage hand
時代物	じだいもの	period play
開幕	かいまく	the rising of the curtain
千秋楽	せんしゅうらく	the last day of a performance

Education

Japanese	Kana	Definition
教育	きょういく	education
保育所	ほいくしょ	daycare center
幼稚園	ようちえん	kindergarten
学校	がっこう	school
小学校	しょうがっこう	primary school
中学校	ちゅうがっこう	middle school
高校、高等学校	こうこう、こうとうがっこう	high school
短大、短期大学	たんだい、たんき だいがく	junior college
大学	だいがく	university
大学院	だいがくいん	graduate school
予備校	よびこう	university prep school
塾	じゅく	after-school cram school
国立	こくりつ	national
公立	こうりつ	public
私立	しりつ	private
先生	せんせい	teacher
教授	きょうじゅ	professor
助教授	じょ きょうじゅ	assistant professor
講師	こうし	lecturer
校長	こうちょう	principal
家庭教師	かてい きょうし	home tutor
学問	がくもん	learning, scholarship
研究	けんきゅう	research
生徒	せいと	pupil
学生	がくせい	student
小学生	しょうがくせい	primary school student
知能	ちのう	mental faculties

Japanese	Kana	Definition
知恵	ちえ	wisdom
講義	こうぎ	lecture
出席・欠席	しゅっせき・けっせき	attendance/absence
授業	じゅぎょう	class
組、クラス	くみ、クラス	class
常識	じょうしき	common sense
学齢	がくれい	school age
論文	ろんぶん	thesis, report
学習	がくしゅう	learning
学者	がくしゃ	scholar
勉強	べんきょう	study (n.)
宿題	しゅくだい	homework
暗記する	あんき　する	to learn by heart, memorize
学業	がくぎょう	studies, schoolwork
考える	かんがえる	to think, to consider
覚える	おぼえる	to memorize
学園	がくえん	educational institution
問題	もんだい	problem, question
書く	かく	to write, to draw
読書	どくしょ	reading
答え、解答	こたえ、かいとう	answer (n.)
質問	しつもん	question, problem
解く	とく	to solve
間違い、誤り	まちがい、あやまり	mistake
消す	けす	erase
読む	よむ	to read
練習する	れんしゅう　する	to practice
説明する	せつめい　する	to explain
誉める	ほめる	to praise

Japanese	Kana	Definition
試験、テスト	しけん、テスト	test, exam
試験を受ける	しけん を うける	to take an exam
入学試験、入試	にゅうがく しけん、にゅうし	entrance exam
合格する	ごうかく する	to pass (an exam)
すべる・落ちる	すべる・おちる	to fail (an entrance exam)
失敗する	しっぱい する	to fail
願書	がんしょ	application form
採点する	さいてん する	to assign grades
成績	せいせき	grades, results
罰・罰する	ばつ・ばっする	punishment / to punish
注意する	ちゅうい する	to caution
教室	きょうしつ	classroom
チョーク	チョーク	chalk
ペン	ペン	pen
万年筆	まんねんひつ	fountain pen
鉛筆	えんぴつ	pencil
黒板	こくばん	blackboard
浪人	ろうにん	a *ronin* student
消しゴム	けしゴム	eraser
定規	じょうぎ	ruler
物差し	ものさし	yardstick
算盤	そろばん	abacus
筆入れ	ふでいれ	pencil case
インク	インク	ink
教科書	きょうかしょ	textbook
辞書、字引	じしょ、じびき	dictionary
ノート	ノート	notebook
紙	かみ	paper
給食	きゅうしょく	school lunch

Japanese	Kana	Definition
修学旅行	しゅうがく りょこう	school trip
参考書	さんこうしょ	reference book
百科事典	ひゃっかじてん	encyclopedia
計算機	けいさんき	calculator
ボールペン	ボールペン	ballpoint pen
教える	おしえる	to teach
同窓会	どうそうかい	alumni association
同級生	どうきゅうせい	classmate
上級生	じょうきゅうせい	senior student
下級生	かきゅうせい	junior student
教育ママ	きょういく ママ	mother obsessed with her child's education
卒業する	そつぎょう する	to graduate
返事	へんじ	response
理解する	りかい する	to understand
分かる	わかる	to understand

History

Japanese	Kana	Definition
歴史	れきし	history
歴史家	れきしか	historian
時代	じだい	period, era
古代	こだい	ancient times
文化	ぶんか	culture
文明	ぶんめい	civilization
西暦	せいれき	A.D.
紀元前	きげんぜん	B.C.
古墳	こふん	old tomb
貴族	きぞく	nobility

Japanese	Kana	Definition
源氏	げんじ	Minamoto family
封建主義	ほうけんしゅぎ	feudalism
埴輪	はにわ	clay figure
平家	へいけ	Taira family
士農工商	しのうこうしょう	feudal class division
奴隷	どれい	slave
武士、侍	ぶし、さむらい	samurai
武士道	ぶしどう	the ethics of the samurai
大名	だいみょう	daimyo, lord
将軍	しょうぐん	shogun, general
年号	ねんごう	name of an era
繁栄する	はんえい する	to prosper
年表	ねんぴょう	chronological table
没落する	ぼつらく する	to fall into ruin
征服する	せいふく する	to conquer
支配する	しはい する	to rule, to govern
縄文時代	じょうもん じだい	till 3rd or 2nd century B.C.
弥生時代	やよい じだい	till 2nd or 3rd century A.D.
大和時代	やまと じだい	till 710
奈良時代	なら じだい	710 – 793
平安時代	へいあん じだい	793 – 1191
鎌倉時代	かまくら じだい	1191 - 1333
南北朝時代	なんぼくちょう じだい	1333 – 1391
室町時代	むろまち じだい	1391 – 1573
安土桃山時代	あづち ももやま じだい	1573 – 1600
江戸時代	えど じだい	1600 – 1867
明治維新	めいじ いしん	Meiji Restoration (1868)
明治時代	めいじ じだい	1868 – 1912
大正時代	たいしょう じだい	1912 - 1926

Japanese	Kana	Definition
昭和時代	しょうわ　じだい	1926 – 1989
平成時代	へいせい　じだい	1989 - present
中世	ちゅうせい	medieval period (1192-1600)
近世	きんせい	Edo period (1600-1867)
近代	きんだい	modern period (from Meiji era forward)
現代	げんだい	present time
家来	けらい	retainer
幕府	ばくふ	shogunate
農民	のうみん	peasant, farmer
職人	しょくにん	artisan
黒舟	くろぶね	"black ship"
開国する	かいこく　する	to open up the nation
脱亜入欧	だつ　あ　にゅう　おう	"Leave Asia and enter Europe;" Westernization
尊皇攘夷	そんのう　じょうい	reverence for the Emperor and expulsion of foreigners
商人	しょうにん	merchant
浪人	ろうにん	wandering samurai
山伏	やまぶし	itinerant priest
鎖国	さこく	national isolation
殿様	とのさま	lord
日清戦争	にっしん　せんそう	Sino-Japanese War
日露戦争	にちろ　せんそう	Russo-Japanese War
第一次世界大戦	だいいちじ　せかい　たいせん	First World War
第二次世界大戦	だいにじ　せかい　たいせん	Second World War
冷戦	れいせん	Cold War

Japanese	Kana	Definition
共産圏	きょうさん けん	Communist bloc

Mathematics and Science

General Math Terms

Japanese	Kana	Definition
数学	すうがく	mathematics
代数	だいすう	algebra
統計学	とうけいがく	statistics
応用数学	おうよう すうがく	applied mathematics
算数	さんすう	arithmetic
集合	しゅうごう	set theory
微分	びぶん	differential
積分	せきぶん	integral calculus
ベクトル	ベクトル	vector
関数	かんすう	function
三角法	さんかく ほう	trigonometry
三角関数	さんかく かんすう	trigonometric function
対数	たいすう	logarithm
行列	ぎょうれつ	matrix
統計	とうけい	statistics
確率	かくりつ	probability
方程式	ほうていしき	equation
図	ず	diagram, drawing
表	ひょう	chart
分数	ぶんすう	fraction
奇数・偶数	きすう・ぐうすう	odd / even number
メートル、メーター	メートル、メーター	meter

Japanese	Kana	Definition
リットル	リットル	liter
グラム	グラム	gram
単位	たんい	unit
少数	しょうすう	decimal
点	てん	point
計算する	けいさん　する	to calculate
足す、加える	たす、くわえる	to add
引く	ひく	to subtract
足し算	たしざん	addition
引き算	ひきざん	subtraction
掛ける・割る	かける・わる	multiply / divide
掛け算	かけざん	multiplication
割り算	わりざん	division
割合	わりあい	rate
平均	へいきん	average
比例	ひれい	ratio, proportion
数える	かぞえる	to count
数	かず、すう	number, digit
グラフ	グラフ	graph
軸	じく	axis
式	しき	formula

Geometry

Japanese	Kana	Definition
幾何学	きかがく	geometry
直線	ちょくせん	straight line
20度	にじゅう　ど	20 degrees
角度	かくど	angle
直角	ちょっかく	right angle

Japanese	Kana	Definition
四角（形）	しかく　（けい）	square
三角（形）	さんかく　（けい）	triangle
球	きゅう	sphere
体積	たいせき	volume
直径	ちょっけい	diameter
半径	はんけい	radius
平行な	へいこう　な	parallel
垂直な	すいちょく　な	vertical
水平な	すいへい　な	horizontal
長さ	ながさ	length
高さ	たかさ	height
横	よこ	width
縦	たて	length
面積	めんせき	area
立方体	りっぽうたい	cube
円、丸	えん、まる	circle

General Science

Japanese	Kana	Definition
科学	かがく	science
自然科学	しぜん　かがく	natural science
馬力	ばりき	horse power
蒸発する	じょうはつ　する	evaporate
顕微鏡	けんびきょう	microscope
気象学	きしょうがく	meteorology
地学	ちがく	geology
区別する	くべつ　する	to differentiate
回折	かいせつ	diffraction
光	ひかり	light

Japanese	Kana	Definition
水蒸気	すいじょうき	steam
実験	じっけん	experiment
実験室	じっけんしつ	laboratory
熱	ねつ	heat
華氏	かし	Fahrenheit
摂氏	せっし	Celsius
密度	みつど	density
重力	じゅうりょく	gravity
重心	じゅうしん	center of gravity
比重	ひじゅう	specific gravity
重さ、重量	おもさ、じゅうりょう	weight
速度	そくど	speed
影	かげ	shadow
焦点	しょうてん	focus
望遠鏡	ぼうえんきょう	telescope
紫外線	しがいせん	ultraviolet rays
赤外線	せきがいせん	infrared rays
屈折	くっせつ	refraction
電圧	でんあつ	voltage
電波	でんぱ	electric wave
電流	でんりゅう	electric current
浮力	ふりょく	buoyancy
音	おと	sound
音波	おんぱ	sound wave
超音波	ちょうおんぱ	supersonic wave
周波数	しゅうはすう	frequency
磁石	じしゃく	magnet
天秤	てんびん	balance, scales
釣り合い、バランス	つりあい、バランス	balance
歯車	はぐるま	gear

Japanese	Kana	Definition
中和する	ちゅうわ する	to neutralize
反応	はんのう	reaction
結晶する	けっしょう する	to crystallize
原理	げんり	principle, theory
仮説	かせつ	hypothesis
電池	でんち	battery
虫眼鏡	むしめがね	magnifying glass

Physics

Japanese	Kana	English
物理学	ぶつりがく	physics
てこ	てこ	lever
原子物理学	げんし ぶつりがく	nuclear physics
固体	こたい	solid
気体	きたい	gas
摩擦	まさつ	friction
圧力	あつりょく	pressure
力	ちから	force
分子	ぶんし	molecule
原子	げんし	atom
電子	でんし	electron
液体	えきたい	liquid
化合物	かごうぶつ	compound
温度	おんど	temperature
空気	くうき	air
真空	しんくう	vacuum
物質	ぶっしつ	substance
湿度	しつど	humidity
エネルギー	エネルギー	energy

Japanese	Kana	English
膨張する	ぼうちょう　する	to expand, to swell
沸騰する	ふっとう　する	to boil

Astronomy

Japanese	Kana	English
天文学	てんもんがく	astronomy
天体物理学	てんたい　ぶつりがく	astrophysics
惑星	わくせい	planet
宇宙	うちゅう	universe
月	つき	moon
太陽	たいよう	sun
衛星	えいせい	satellite
彗星	すいせい	comet
水星	すいせい	Mercury
金星	きんせい	Venus
火星	かせい	Mars
木星	もくせい	Jupiter
土星	どせい	Saturn
天王星	てんおうせい	Uranus
海王星	かいおうせい	Neptune
冥王星	めいおうせい	Pluto
天体	てんたい	heavenly body
宇宙開発	うちゅう　かいはつ	space exploration
軌道	きどう	orbit
人工衛星	じんこう　えいせい	man-made satellite
天文台	てんもん　だい	astronomical observatory
正座	せいざ	constellation
太陽系	たいようけい	solar system
三日月	みかづき	crescent moon

Japanese	Kana	English
満月	まんげつ	full moon
日食	にっしょく	solar eclipse
月食	げっしょく	lunar eclipse
天の川	あま の がわ	Milky Way
隕石	いんせき	meteorite
半月	はんげつ	half moon
流れ星	ながれぼし	shooting star

Chemistry

Japanese	Kana	English
化学	かがく	chemistry
応用化学	おうよう かがく	applied chemistry
有機化学	ゆうき かがく	organic chemisty
無機化学	むき かがく	inorganic chemistry
放射能	ほうしゃのう	radioactivity
発酵する	はっこう する	to ferment
めっき	めっき	plating
触媒	しょくばい	catalyst
ウラニウム	ウラニウム	uranium
真鍮	しんちゅう	brass
ニッケル	ニッケル	nickel
溶液	ようえき	solution
合成	ごうせい	compound
コバルト	コバルト	cobalt
チタン	チタン	titanium
青銅	せいどう	bronze
合金	ごうきん	alloy
窒素	ちっそ	nitrogen
金属	きんぞく	metal

Japanese	Kana	English
鈴	すず	tin
アルミニウム	アルミニウム	aluminum
鉛	なまり	lead
銅	どう	copper
イオン	イオン	ion
酸	さん	acid
硫酸	りゅうさん	sulfuric acid
酸素	さんそ	oxygen
水素	すいそ	hydrogen
炭素	たんそ	carbon
鉄	てつ	iron

Life Sciences

Japanese	Kana	English
生物学	せいぶつがく	biology
生殖する	せいしょく する	to reproduce
有性生殖	ゆうせい せいしょく	sexual reproduction
無性生殖	むせい せいしょく	asexual reproduction
ホルモン	ホルモン	hormone
酵素	こうそ	enzyme
遺伝する	いでん する	to be hereditary
遺伝子	いでんし	gene
染色体	せんしょくたい	chromosome
遺伝病	いでんびょう	genetic disease
細胞	さいぼう	cell
細胞組織	さいぼう そしき	cellular tissue
細胞分裂	さいぼう ぶんれつ	cellular division
細胞壁	さいぼう へき	cell wall
デオキシリボ核酸	デオキシリボ かくさん	DNA

Japanese	Kana	English
原形質	げんけいしつ	protoplasm

Botany

Japanese	Kana	English
植物学	しょくぶつがく	botany
植物	しょくぶつ	plants
種子植物	しゅし　しょくぶつ	seed-bearing plants
苔類	こけるい	lichen
藻類	そうるい	algae
羊歯類	しだるい	ferns
菌類	きんるい	fungi
根	ね	root
葉	は	leaf
茎	くき	stem
葉緑素	ようろくそ	chlorophyl
光合成	こうごうせい	photosynthesis
樹木	じゅもく	trees

Zoology

Japanese	Kana	English
動物学	どうぶつがく	zoology
有機体、生物	ゆうきたい、せいぶつ	organism
魚類	ぎょるい	fish
爬虫類	はちゅうるい	reptiles
昆虫類	こんちゅうるい	insects
蜘蛛類	くもるい	arachnids
甲殻類	こうかくるい	crustaceans
変温動物	へんおん　どうぶつ	cold-blooded animal
両棲類	りょうせいるい	amphibian

Japanese	Kana	English
鳥類	ちょうるい	birds
哺乳類	ほにゅうるい	mammals
定温動物	ていおん どうぶつ	warm-blooded animal
界	かい	kingdom
門	もん	phylum
綱	もう	class
目	もく	order
科	か	family
族	ぞく	genus
種	しゅ	species
絶滅	ぜつめつ	extinction

Common Domesticated Animals

Japanese	Kana	English
犬	いぬ	dog
小犬	こいぬ	puppy
猫	ねこ	cat
小猫	こねこ	kitten
馬	うま	horse
小型馬	こがた うま	pony
鸚鵡	おうむ	parrot
熱帯魚	ねったいぎょ	tropical fish
金魚	きんぎょ	goldfish
牛	うし	cow
豚	ぶた	pig
羊	ひつじ	sheep
山羊	やぎ	goat

Backyard Wild Animals

Japanese	Kana	English
栗鼠	りす	squirrel
蛇	へび	snake
蛙	かえる	frog
亀	かめ	turtle
駒鳥	こまどり	robin
椋鳥	むくどり	starling
啄木鳥	きつつき	woodpecker
鹿、	しか	deer
蜥蜴	とかげ	lizard
雀	すずめ	sparrow
兎	うさぎ	rabbit
土竜	もぐら	mole

Insects

Japanese	Kana	English
蝿	はえ	fly
蝶々	ちょうちょう	butterfly
雀蜂	すずめ ばち	hornet
蜜蜂	みつばち	bee
甲虫	かぶと むし	beetle
蜻蛉	とんぼ	dragonfly
天道虫	てんとうむし	ladybug
蚯蚓	みみず	earthworm
蟻	あり	ant
蟋蟀	こおろぎ	cricket
飛蝗	ばった	grasshopper

Exotic Wild Animals

Japanese	Kana	English
虎	とら	tiger
獅子	しし	lion
鮫	さめ	shark
鯨	くじら	whale
豹	ひょう	leopard
キリン	キリン	giraffe
犀	さい	rhinoceros

Environmentalism

Japanese	Kana	English
環境主義	かんきょうしゅぎ	environmentalism
自然保護主義者	しぜん ほご しゅぎしゃ	conservationist
環境保護団体	かんきょう ほご だんたい	pro-environment group
企業環境主義	きぎょう かんきょう しゅぎ	corporate environmentalism
気候変動	きこう へんどう	climate change
オゾンホール	オゾンホール	ozone hole
スモッグ	スモッグ	smog
生態系	せいたいけい	ecosystem
地球の日	ちきゅう の ひ	Earth Day
地球サミット	ちきゅう サミット	Earth Summit
水質汚染	すいしつ おせん	water pollution
リサイクル性	リサイクル せい	recyclability
排出基準	はいしゅつ きじゅん	emissions standards
酸性雨	さんせい う	acid rain

Japanese	Kana	English
大気汚染	たいき おせん	atmospheric pollution, air pollution
森林破壊	しんりん はかい	deforestation
森林再生	しんりん さいせい	reforestation
植林事業	しょくりん じぎょう	tree-planting program
砂漠化	さばく か	desertification
ゴミ捨て場	ゴミ すてば	dump site
大気汚染防止法	たいき おせん ぼうし ほう	Air Pollution Control Law
大気質	たいき しつ	air quality
大気質指標	たいき しつ しひょう	air quality index
大気中の二酸化炭素濃度	たいき ちゅう の にさんか たんそ のうど	atmospheric carbon dioxide concentration
化学汚染	かがく おせん	chemical pollution
フロンガス	フロンガス	chlorofluorocarbon
二酸化炭素の排出	にさんか たんそ の はいしゅつ	carbon dioxide emission
二酸化炭素汚染	にさんか たんそ おせん	carbon dioxide pollution
二酸化炭素削減目標	にさんか たんそ さくげん もくひょう	CO2-reduction goal
排出削減目標	はいしゅつ さくげん もくひょう	emission reduction target
世界環境デー	せかい かんきょう デー	World Environment Day
京都議定書	きょうと ぎていしょ	Kyoto Protocol

Miscellaneous Fields of Study

Japanese	Kana	English
語学	ごがく	linguistics
電気工学	でんき こうがく	electrical engineering
建築学	けんちくがく	architecture
金属工学	きんぞく こうがく	metallurgy
遺伝子工学	いでんし こうがく	genetic engineering
歯学	しがく	dentistry
医学	いがく	medicine
航空工学	こうくう こうがく	aeronautics
心理学	しんりがく	psychology
教育学	きょういくがく	education, pedagogy
神学	しんがく	theology
農学	のうがく	agriculture
政治学	せいじがく	political science
人類学	じんるいがく	anthropology
倫理学	りんりがく	ethics
哲学	てつがく	philosophy
考古学	こうこがく	archaeology
法律学、法学	ほうりつがく、ほうがく	law, jurisprudence
経済学	けいざいがく	economics
社会学	しゃかいがく	sociology
人文科学	じんぶん かがく	humanities
土木工学	どぼく こうがく	civil engineering
電子工学	でんし こうがく	electronics
機械工学	きかい こうがく	mechanical engineering

Athletics

Japanese	Kana	English
スポーツ	スポーツ	sports
運動	うんどう	exercise, athletics
競技	きょうぎ	event, competition
勝負	しょうぶ	victory or defeat
オリンピック、五輪大会	オリンピック、ごりん　たいかい	Olympics
試合	しあい	match, game
優勝	ゆうしょう	championship
決勝戦	けっしょうせん	finals, the deciding match
勝つ	かつ	to win
負ける、敗れる	まける、やぶれる	to lose, to be defeated
球技	きゅうぎ	ball game
ソフトボール	ソフトボール	softball
野球	やきゅう	baseball
ピッチャー、投手	ピッチャー、とうしゅ	pitcher
バッター、打者	バッター、だしゃ	batter
キャッチャー、捕手	キャッチャー、ほしゅ	catcher
ヒット、安打	ひっと、あんだ	hit (n.)
ホームラン、本塁打	ホームラン、ほんるいだ	homerun
三振	さんしん	strikeout
一塁手	いちるいしゅ	first baseman
二塁手	にるいしゅ	second baseman
三塁手	さんるいしゅ	third baseman
バット	バット	bat
背番号	せばんごう	uniform number
グラブ	グラブ	baseball glove
バスケットボール	バスケットボール	basketball

Japanese	Kana	English
バレーボール	バレーボール	volleyball
ラケット	ラケット	racket
ネット	ネット	net
テニス	テニス	tennis
卓球	たっきゅう	ping-pong, table tennis
玉突き	たまつき	pool, billiards
ボール、球	ボール、たま	ball
投げる	なげる	to throw
受ける	うける	to catch
打つ	うつ	to hit
ゴルフ(場)	ゴルフ(じょう)	golf (course)
アメリカンフットボール	アメリカンフットボール	American football
ラグビー	ラグビー	rugby
球場	きゅうじょう	stadium
体育	たいいく	physical education
競走	きょうそう	race
マラソン	マラソン	marathon
リレー	リレー	relay race
コーチ	コーチ	coach
陸上競技	りくじょう　きょうぎ	track and field events
砲丸投げ	ほうがん　なげ	shotput throw
棒高跳び	ぼう　たかとび	pole vault
走り高跳び	はしり　たかとび	high jump
走り幅跳び	はしり　はばとび	broad jump
槍投げ	やり　なげ	javelin throw
円盤投げ	えんばん　なげ	discus throw
審判	しんぱん	umpire
体育館	たいいくかん	gymnasium
体操	たいそう	gymnastics
平行棒	へいこうぼう	parallel bars

Japanese	Kana	English
平均台	へいきんだい	balance beam
床運動	ゆか うんどう	floor exercise
サッカー	サッカー	soccer
乗馬	じょうば	horseback riding
スキー	スキー	skiing
スケート	スケート	skating
水泳	すいえい	swimming
泳ぐ	およぐ	to swim
滑る	すべる	to skate, to slide
ボート競技	ボート きょうぎ	boat racing
飛び込む	とびこむ	to dive
プール	プール	pool

Communications

Japanese	Kana	English
通信	つうしん	communications
電電公社	でんでん こうしゃ	Nihon Telegraph and Telephone; NTT
電話をする・かける	でんわ を する・かける	to telephone
電話を切る	でんわ を きる	to hang up the telephone
携帯電話	けいたい でんわ	portable telephone; cell phone
公衆電話	こうしゅう でんわ	public telephone
話し中	はなしちゅう	the line is engaged
セルラ電話	セルラ でんわ	cell phone
受話器	じゅわき	receiver
長距離電話	ちょうきょり でんわ	long distance call
市内電話	しない でんわ	local call
電話帳	でんわちょう	telephone directory

Japanese	Kana	English
交換手	こうかんしゅ	operator
ダイヤルを回す	ダイヤル を まわす	to dial
留守番電話	るすばん でんわ	answering machine
電信	でんしん	telegraph
もしもし	もしもし	"hello"

Publishing

Japanese	Kana	English
出版する	しゅっぱん する	to publish
出版社	しゅっぱんしゃ	publishing company
記事	きじ	article
ニュース	ニュース	news
新聞社	しんぶんしゃ	newspaper company
朝刊・夕刊	ちょうかん・ゆうかん	morning / evening edition
英字新聞	えいじ しんぶん	English-language newspaper
雑誌	ざっし	magazine
週刊誌	しゅうかんし	weekly magazine
共同通信社	きょうどう つうしんしゃ	Kyodo News Service
文庫本	ぶんこぼん	pocket-sized book
行	ぎょう	line (of type)
目次	もくじ	table of contents
序文、前書き	じょぶん、まえがき	preface
後書	あとがき	postscript, afterword
要約する	ようやく する	to summarize
印刷する	いんさつ する	to print
発行する	はっこう する	to publish
活字	かつじ	movable type
校正する	こうせい する	to proofread
解説する	かいせつ する	to analyse

Japanese	Kana	English
索引	さくいん	index
単行本	たんこうぼん	book, separately published volume
挿し絵	さしえ	illustration
表紙	ひょうし	book cover
ページ	ページ	page
漫画	まんが	manga, comics
見出し	みだし	headline
原作	げんさく	original work
三面記事	さんめん きじ	human interest story
投書する	とうしょ する	to write a letter to a newspaper
社説	しゃせつ	editorial
取材する	しゅざい する	to gather information for a news report
伝える	つたえる	to report; to communicate
報道する	ほうどう する	to inform; to communicate
発表する	はっぴょう する	to announce
面会、インタビュー	めんかい、インタビュー	interview
記者会見	きしゃ かいけん	news conference
新聞記者	しんぶん きしゃ	newpaper reporter
特派員	とくはいん	special correspondent
編集長	へんしゅうちょう	editor-in-chief

Television and Radio

Japanese	Kana	English
放送する	ほうそう する	to broadcast
放送局	ほうそうきょく	broadcasting company
テレビ	テレビ	television

Japanese	Kana	English
ラジオ	ラジオ	radio
日本放送協会、NHK	にほん ほうそう きょうかい、エヌ エイチ ケー	Japan Broadcasting Company, NHK
番組	ばんぐみ	program
チャンネル	チャンネル	channel

Postal Services

Japanese	Kana	English
郵便	ゆうびん	postal service
郵便局	ゆうびん きょく	post office
速達	そくたつ	special delivery; express mail
手紙	てがみ	letter
配達する	はいたつ する	to deliver
届く	とどく	to arrive, to reach
届ける	とどける	to deliver
ポスト	ポスト	mailbox
切手	きって	stamp
航空便	こうくうびん	air mail
船便	ふなびん	sea mail; surface mail
郵便番号	ゆうびん ばんごう	zip code
私書箱	ししょばこ	P.O. box
送る・受け取る	おくる・うけとる	send / receive
印紙	いんし	revenue stamp
葉書	はがき	postcard
封筒	ふうとう	envelope
書留	かきとめ	registered mail
宛名	あてな	name and address

Transportation

Japanese	Kana	English
交通	こうつう	traffic
乗る	のる	to ride
乗せる	のせる	to give someone a lift
出発する	しゅっぱつ する	to depart
到着する	とうちゃく する	to arrive
乗客	じょうきゃく	passenger
時速50マイル	じそく ごじゅう マイル	a speed of 50 mph
降りる・降ろす	おりる・おろす	to get off / let someone off
出る・着く	でる・つく	to depart / to arrive
延着する	えんちゃく する	to arrive late, to be delayed
止まる・止める	とまる・とめる	to stop (vi / vt)
曲がる・曲げる	まがる・まげる	to turn, to curve (vi / vt)
出迎える	でむかえる	to meet someone on arrival
見送る	みおくる	to see someone off
左折する	させつ する	to turn left
右折する	うせつ する	to turn right
衝突	しょうとつ	collision
正面衝突	しょうめん しょうとつ	head-on collision
追突	ついとつ	rear-end collision
事故を起こす	じこ を おこす	to cause an accident
乗り換える	のりかえる	to change (trains, etc.)
距離	きょり	distance
指定席	してい せき	reserved seat
自由席	じゆう せき	unreserved seat
空席	くうせき	vacant seat
一等席	いっとう せき	first class seat
二等席	にとう せき	second class seat
満席	まんせき	all seats sold out; all seats full

Vehicles

Japanese	Kana	English
車両	しゃりょう	vehicle
車、自動車	くるま、じどうしゃ	car, automobile
乗用車	じょうようしゃ	passenger car
前輪駆動車	ぜんりん くどうしゃ	front-wheel drive
四輪駆動車	よんりん くどうしゃ	four-wheel drive
全輪駆動車	ぜんりん くどうしゃ	all-wheel drive
スポーツカー	スポーツカー	sports car
トラック	トラック	truck
バス	バス	bus
タクシー	タクシー	taxi
オートバイ	オートバイ	motorcycle
自転車	じてんしゃ	bicycle
三輪車	さんりんしゃ	tricycle

Parts of the Automobile

Japanese	Kana	English
自動車部品	じどうしゃ ぶひん	automotive parts
エンジン	エンジン	engine
ブレーキ	ブレーキ	brake
消音器、マフラー	しょうおんき、マフラー	muffler
バックミラー	バックミラー	rearview mirror
バッテリー	バッテリー	battery
アクセル	アクセル	accelerator
クラクション	クラクション	automobile horn
バンパー	バンパー	bumper

Japanese	Kana	English
トランク	トランク	trunk
ボンネット	ボンネット	hood
ワイパー	ワイパー	wiper
タイヤ	タイヤ	tire
ヘッドレスト	ヘッドレスト	headrest
過給機	かきゅうき	supercharger
サスペンション	サスペンション	suspension
アームレスト	アームレスト	armrest
ハンドル	ハンドル	steering wheel

Driving

Japanese	Kana	English
運転する	うんてん する	to drive
運転手	うんてんしゅ	driver
運転免許書	うんてん めんきょしょ	driver's license
制限速度	せいげん そくど	speed limit
駐車する	ちゅうしゃ する	to park
駐車場	ちゅうしゃ じょう	parking lot
駐車違反	ちゅうしゃ いはん	parking violation
ガソリンスタンド	ガソリンスタンド	gasoline station
満タンにする	まんたん に する	to fill up a car with gas
オイル	オイル	oil
歩行者	ほこうしゃ	pedestrian
交通違反	こうつう いはん	traffic violation
暴走運転	ぼうそう うんてん	reckless driving
飲酒運転	いんしゅ うんてん	drunken driving
故障する	こしょう する	to breakdown
道に迷う	みち に まよう	to get lost
方向音痴	ほうこう おんち	a bad sense of direction

The Road

Japanese	Kana	English
道	みち	road
高速道路	こうそく どうろ	highway
標識	ひょうしき	sign, signal
道路	どうろ	road
路地	ろじ	lane, alley
一方通行	いっぽう つうこう	one-way traffic
両面通行	りょうめん つうこう	two-way traffic
交差点	こうさてん	intersection
行き止まり	ゆきどまり、いきどまり	cul-de-sac, dead end
(交通)信号	(こうつう) しんごう	traffic lights
四つ角	よつかど	street corner
バス停	バス てい	bus stop
街灯	がいとう	street lamp
車道	しゃどう	a road for vehicles
歩道	ほどう	sidewalk
回り道	まわりみち	detour
近道	ちかみち	shortcut
歩道橋	ほどうきょう	pedestrian bridge
陸橋	りっきょう	bridge

Railway

Japanese	Kana	English
鉄道	てつどう	railroad
日本国有鉄道、国鉄	にほん こくゆう てつどう、こくてつ	Japan National Railways

Japanese	Kana	English
汽車	きしゃ	steam-powered train
電車	でんしゃ	electric-driven train
地下鉄	ちかてつ	subway
私鉄	してつ	private railroad
新幹線	しんかんせん	Shinkansen, bullet train
普通電車、各駅停車	ふつう でんしゃ、かくえき ていしゃ	local train
急行	きゅうこう	express train
特急	とっきゅう	special express train

The Station

Japanese	Kana	English
駅	えき	station
始発駅	しはつ えき	starting station
終着駅	しゅうちゃく えき	last station, terminus
切符売場	きっぷ うりば	ticket window
片道乗車券	かたみち じょうしゃけん	one-way ticket
往復乗車券	おおふく じょうしゃけん	round trip ticket
入場券	にゅうじょうけん	platform ticket
改札口	かいさつぐち	ticket barrier; platform wicket
プラットホーム	プラットホーム	platform
定期券	ていきけん	season ticket
回数券	かいすうけん	frequency ticket
列車時刻表	れっしゃ じこくひょう	train schedule
車掌	しゃしょう	conductor
踏切り	ふみきり	railroad crossing
線路	せんろ	railway tracks
コインロッカー	コインロッカー	coin locker
終点	しゅうてん	terminal station, terminus

Japanese	Kana	English
前売り	まえうり	advance tale
トンネル	トンネル	tunnel

Ships

Japanese	Kana	English
船	ふね	ship
客船	きゃくせん	passenger ship
汽船	きせん	steamship
帆船	はんせん	sailboat
タンカー	タンカー	oil tanker
フェリー	フェリー	ferry
ヨット	ヨット	yacht
タグボート	タグボート	tug boat
ホーバークラフト	ホーバークラフト	hovercraft
艀	はしけ	cargo barge
遊覧船	ゆうらんせん	pleasure boat
救命艇	きゅうめいてい	life boat
筏	いかだ	raft
水中翼船	すいちゅう よくせん	hydrofoil
船橋	せんきょう	bridge
船室	せんしつ	cabin
錨	いかり	anchor
甲板	かんぱん	deck
船体	せんたい	hull
帆	ほ	sail
帆柱	ほばしら	mast
舵	かじ	rudder
船長	せんちょう	captain
船員、水夫	せんいん、すいふ	sailor

Japanese	Kana	English
舵手	だしゅ	helmsman, pilot
港	みなと	harbor
航海する	こうかい する	to sail, to navigate
浮く	うく	to float
沈む	しずむ	to sink
沈没する	ちんぼつ する	sink
難破する	なんぱ する	to be shipwrecked
灯台	とうだい	lighthouse

Airplanes

Japanese	Kana	English
飛行機	ひこうき	airplane
ジャンボ機	ジャンボ き	jumbo plane
旅客機	りょかっき	passenger plane
ジェット機	ジェット き	jet plane
プロペラ機	プロペラ き	propeller plane
ヘリコプター	ヘリコプター	helicopter
着陸する	ちゃくりく する	to land
離陸する	りりく する	to take off
操縦士	そうじゅうし	pilot
パイロット	パイロット	pilot
操縦する	そうじゅう する	to pilot, to operate a plane
空港、飛行場	くうこう、ひこうじょう	airport
スチュワーデス	スチュワーデス	stewardess
滑走路	かっそうろ	runway
飛行艇	ひこうてい	hydroplane
機種	きしゅ	nose
胴体	どうたい	fuselage
翼	つばさ	wing

83

Japanese	Kana	English
滑走路	かっそうろ	runway
飛行する	ひこう する	to fly
飛ぶ	とぶ	to fly
救命胴衣	きゅうめい どうい	life jacket

Occupations

Japanese	Kana	English
職業	しょくぎょう	occupation
会社員	かいしゃいん	company employee
サラリーマン	サラリーマン	white-collar worker
会計士	かいけいし	accountant
弁護士	べんごし	attorney
履歴書	りれきしょ	resume
医者	いしゃ	doctor
歯医者	はいしゃ	dentist
看護婦	かんごふ	nurse
建築家	けんちくか	architect
科学者	かがくしゃ	scientist
自由契約で働く	じゆう けいやく で はたらく	to work on a free-contract basis
自営業の	じえいぎょう の	self-employed

The Company

Japanese	Kana	English
会社	かいしゃ	company
株式会社	かぶしき がいしゃ	joint-stock company, corporation
合資会社	ごうし がいしゃ	limited partnership

Japanese	Kana	English
有限会社	ゆうげん　がいしゃ	limited liability corporation
本社	ほんしゃ	headquarters
支社	ししゃ	branch office
子会社	こがいしゃ	subsidiary
合弁会社	ごうべん　がいしゃ	joint venture
傍系会社	ぼうけい　がいしゃ	affiliated company
関連会社	かんれん　がいしゃ	related company, associate company
吸収合併	きゅうしゅう　がっぺい	merger
親会社	おやがいしゃ	parent company
個人企業	こじん　きぎょう	private, unincorporated business

Company Life

Japanese	Kana	English
社内文化	しゃない　ぶんか	corporate culture
就職する	しゅうしょく　する	to seek employment
募集する	ぼしゅう　する	to recruit employees
転職する	てんしょく　する	to switch employers
履歴書	りれきしょ	resume
退職する	たいしょく　する	to resign, to retire
辞職する	じしょく　する	to resign
会議	かいぎ	meeting
朝礼	ちょうれい	morning assembly
働く・休む	はたらく・やすむ	work / rest
遅刻する	ちこく　する	to arrive late
早引きする、早退する	はやびき　する、そうたい　する	to leave early
仕事	しごと	work, occupation

Japanese	Kana	English
職業	しょくぎょう	occupation
賃金	ちんぎん	wages
ボーナス	ボーナス	bonus
雇い主	やといぬし	employer
月給	げっきゅう	monthly salary
週給	しゅうきゅう	weekly salary
経営者	けいえいしゃ	manager
アルバイト	アルバイト	part-time work
平社員	ひらしゃいん	rank-and-file employee
課長	かちょう	section chief
部長	ぶちょう	manager
専務	せんむ	managing director
副社長	ふくしゃちょう	vice president
社長	しゃちょう	president
重役	じゅうやく	director; executive
秘書	ひしょ	secretary
監査役	かんさ やく	auditor
単身赴任	たんしん ふにん	a transfer away from home without one's family
管理者	かんりしゃ	manager; administrator
管理職	かんりしょく	managerial position(s)
管理する	かんり する	to manage
春闘	しゅんとう	spring labor offensive
スト	スト	strike
脱サラ	だつ さら	escape of the corporate lifestyle; starting one's own business
労働組合	ろうどう くみあい	labor union
失業手当	しつぎょう てあて	unemployment compensation
部署	ぶしょ	position; post
上司	じょうし	boss

Japanese	Kana	English
部下	ぶか	subordinate
昇進する	しょうしん する	to be promoted
入社する	にゅうしゃ する	to join a company
新入社員	しんにゅう しゃいん	a new employee
出張する	しゅっちょう する	to go on a business trip
研修する	けんしゅう する	to engage in training
転勤する	てんきん する	to be transferred
応募する	おうぼ する	to apply (for a job)
求人広告	きゅうじん こうこく	wanted ads
給料	きゅうりょう	pay; wages; salary
首になる	くび に なる	to be fired
同僚	どうりょう	colleague
上司	じょうし	boss, superior
部下	ぶか	subordinate
残業	ざんぎょう	overtime
勤務評価	きんむ ひょうか	performance review
過労死	かろうし	death by overwork

The Office

Japanese	Kana	English
事務所、オフィス	じむしょ、オフィス	office
文鎮	ぶんちん	paperweight
タイプライター	タイプライター	typewriter
コンピューター	コンピューター	computer
ファックス	ファックス	facsimile, fax
コピーする	コピーする	to copy
複写機	ふくしゃき	copier
算盤	そろばん	abacus
ホッチキス	ホッチキス	stapler

Japanese	Kana	English
情報	じょうほう	information
資料、データ	しりょう、データ	data
ファイル	ファイル	file
クリップ	クリップ	paper clip
電卓	でんたく	calculator
文書	ぶんしょ	documents
手帳	てちょう	notebook

Stock Market

Japanese	Kana	English
株式取引所	かぶしき とりひきしょ	stock exchange
株式市場	かぶしき しじょう	stock market
株	かぶ	stock
債権	さいけん	bond
転換社債	てんかん しゃさい	convertible bond
国債	こくさい	national bond
証券取引所	しょうけん とりひきしょ	bond market
商品取引所	しょうひん とりひきしょ	commodity market
割引債	わりびきさい	discount bond
配当	はいとう	dividend
株主	かぶぬし	stockholder
株主総会	かぶぬし そうかい	stockholders' meeting
買占め	かいしめ	buying up, cornering the market
暴騰・暴落	ぼうとう・ぼうらく	sharp rise/drop in the market
株屋	かぶや	stock brocker
前場・後場	ぜんば・ごば	morning / afternoon session
出来高	できだか	turnover

Japanese	Kana	English
立会い	たちあい	session

Insurance

Japanese	Kana	English
保険	ほけん	insurance
保険を掛ける	ほけん を かける	to insure
保険証書	ほけん しょうしょ	insurance policy (document)
保険に入る	ほけん に はいる	to take out insurance
保険契約	ほけん けいやく	insurance policy
保険契約者	ほけん けいやく しゃ	insurance policyholder
被保険者	ひほけんしゃ	person insured
自動車保険	じどうしゃ ほけん	car insurance
火災保険	かさい ほけん	fire insurance
生命保険	せいめい ほけん	life insurance
損害保険	そんがい ほけん	casualty insurance
医療保険	いりょう ほけん	health insurance
海上保険	かいじょう ほけん	marine insurance

Commercial Relationships

Japanese	Kana	English
商業	しょうぎょう	commerce
商い、商売	あきない、しょうばい	business, trade
販売人	はんばい にん	salesperson
販売価格	はんばい かかく	sales price
販売課	はんばい か	sales department
生産者	せいさん しゃ	producer

89

Japanese	Kana	English
消費者	しょうひ しゃ	consumer
顧客	こきゃく	customer
得意先	とくいさき	regular customer
小売店	こうりてん	retail store
買う・売る	かう・うる	buy / sell
購入する	こうにゅう する	to purchase
販売する	はんばい する	to sell
仕入れる	しいれる	to buy for stock
売上高	うりあげだか	sales volume, turnover
簿記	ぼき	bookkeeping
得・損	とく・そん	profit / loss
手数料	てすうりょう	commission
値段、価格	ねだん、かかく	price
卸値	おろしね	wholesale price
割引する	わりびき する	to discount
小売値	こうりね	retail price
原価	げんか	cost price
取引	とりひき	transaction
利益、儲け	りえき、もうけ	profit
総括注文	そうかつ ちゅうもん	blanket order
勉強する	べんきょう する	to reduce the price
発送する	はっそう する	to dispatch, to send
配達する	はいたつ する	to deliver
運賃	うんちん	freight charge
注文する	ちゅうもん する	to order
値切る	ねぎる	to haggle over price
負ける	まける	to give a discount
決算する	けっさん する	to settle accounts, to close the book
頭金	あたまきん	down payment

Japanese	Kana	English
アフターサービス	アフターサービス	after service
納品する	のうひん する	to deliver goods
領収書、レシート	りょうしゅうしょ、レシート	receipt
請求書	せいきゅうしょ	invoice
分割払い	ぶんかつ ばらい	installment payments
倉庫	そうこ	warehouse
卸売業者、卸屋	おろしうり ぎょうしゃ、おろしや	wholesaler
卸売価格	おろしうり かかく	wholesale price
委託販売	いたく はんばい	selling on commission
製品	せいひん	manufactured product
商品	しょうひん	good, item for sale

Retail Sales

Japanese	Kana	English
店	みせ	store
店員	てんいん	store clerk
大売出し	おおうりだし	bargain sale
主人、店主	しゅじん、てんしゅ	store owner
看板	かんばん	store sign
宣伝する	せんでん する	to publicize
広告する	こうこく する	to advertise
包装紙、包み紙	ほうそうし、つつみがみ	wrapping paper
バーゲンセール	バーゲンセール	bargain sale
金を払う	かね を はらう	to pay money
オンラインショッピング	オンラインショッピング	online shopping

Japanese	Kana	English
通信販売	つうしん はんばい	mail order sales
チラシ、ビラ	チラシ、ビラ	leaflet
広告代理店	こうこく だいりてん	advertising agency
カタログ	カタログ	catalog
見本	みほん	sample
セルフサービス	セルフサービス	self-service
レジ	レジ	cash register
値札	ねふだ	price tag
押売り	おしうり	high-pressure selling
商品券	しょうひん けん	gift certificate
お釣	おつり	change (money)
買物に行く	かいもの に いく	to go shopping

Specific Retail Businesses

Japanese	Kana	English
食料品店	しょくりょうひんてん	grocery store
魚屋	さかなや	fish shop
果物屋	くだものや	fruit dealer
肉屋	にくや	butcher shop
乾物屋	かんぶつや	dry goods dealer
八百屋	やおや	greengrocer
パン屋	パン や	bakery
米屋	こめや	rice dealer
菓子屋	かしや	confectioner
食堂、レストラン	しょくどう、レストラン	restaurant
市場	いちば	market
美容院	びよういん	beauty parlor
ショッピング・モール	ショッピング・モール	shopping mall
葬儀屋	そうぎや	undertaker

Japanese	Kana	English
商店街	しょうてんがい	shopping mall
本屋	ほんや	bookstore
立ち読みする	たちよみ する	to stand and read (in a bookstore)
金物屋	かなものや	hardware shop
骨董店	こっとうてん	curio shop
蒲団店、蒲団屋	ふとんてん、ふとんや	futon shop, bedding store
靴屋	くつや	shoe store
婦人服店	ふじんふくてん	ladies apparel store
洋品店	ようひんてん	haberdashery
古道具屋	ふるどうぐや	secondhand store
時計屋、時計店	とけいや、とけいてん	watch shop
花屋	はなや	florist
電器屋、電器店	でんきや、でんきてん	electronic goods retailer
生地屋	きじや	fabric store
呉服屋、呉服店	ごふくや、ごふくてん	kimono store
薬屋、薬局	くすりや、やっきょく	drug store, pharmacy
スーパー	スーパー	supermarket
煙草屋	たばこや	tobacconist
デパート、百貨店	デパート、ひゃっかてん	department store
玩具屋	おもちゃや	toy store
化粧品屋、化粧品店	けしょうひんや、けしょうひんてん	cosmetics store
雑貨屋	ざっかや	general store
家具店	かぐてん	furniture shop
文房具屋、文房具店	ぶんぼうぐや、ぶんぼうぐてん	stationery store
酒屋	さかや	liquor store

Banking and Finance

Japanese	Kana	English
銀行	ぎんこう	bank
金融	きんゆう	finance
日本銀行	にほん ぎんこう	Bank of Japan
連邦準備銀行	れんぽう じゅんび ぎんこう	Federal Reserve Bank
銀行員	ぎんこういん	bank employee
金庫	きんこ	safe
貸金庫	かしきんこ	safe-deposit bank
百円札	ひゃくえん さつ	100-yen note
為替	かわせ	money order
通帳	つうちょう	deposit book
預金する	よきん する	to deposit money in a bank
貯金する	ちょきん する	to save money
預ける	あずける	to deposit money
引き出す	ひきだす	to withdraw money
臍繰り	へそくり	secret savings
口座番号	こうざ ばんごう	bank account number
小切手	こぎって	check
硬貨	こうか	coin
お金	おかね	money
お札、紙幣	おさつ、しへい	bill
普通預金	ふつう よきん	ordinary bank deposits
定期預金	ていき よきん	fixed term bank deposits
当座預金	とうざ よきん	current account deposit
公定歩合	こうてい ぶあい	official discount rate, bank rate
振り込む	ふりこむ	to transfer (to another bank account)

Japanese	Kana	English
銀行手数料	ぎんこう てすうりょう	bank charge
送金する	そうきん　する	to remit funds
銀行休日	ぎんこう　きゅうじつ	bank holiday
利回り	りまわり	yield
金利、利息、利子	きんり、りそく、りし	interest rate
ローン	ローン	loan
抵当	ていとう	mortgage
借金する	しゃっきん　する	to borrow money
両替する	りょうがえ　する	to exchange currency
為替レート	かわせ　レート	exchange rate
ドル	ドル	dollar
円	えん	yen
ペソ	ペソ	peso
通貨	つうか	currency
ユーロ	ユーロ	Euro
返済する	へんさい　する	to repay

Industry

Japanese	Kana	English
工業、産業	こうぎょう、さんぎょう	industry
重工業	じゅうこうぎょう	light industry
軽工業	けいこうぎょう	heavy industry
大量生産	たいりょう　せいさん	mass production
工業技術	こうぎょう　ぎじゅつ	industrial technology
下請け	したうけ	subcontracting
工業地帯	こうぎょう　ちたい	manufacturing district
産業開発	さんぎょう　かいはつ	industrial development
工業廃棄物	こうぎょう　はいきぶつ	industrial wastes

Japanese	Kana	English
工業化	こうぎょうか	industrialization
工業製品	こうぎょう せいひん	industrial good

The Factory

Japanese	Kana	English
工場	こうじょう	plant; factory
改善	かいぜん	kaizen; incremental improvement
カンバン方式	カンバン ほうしき	the kanban system
品質管理	ひんしつ かんり	quality control
工作機械	こうさく きかい	machine tool
工場長	こうじょうちょう	plant general manager
部品	ぶひん	component; part
組立て	くみたて	assembly
鋳造工場	ちゅうぞう こうじょう	foundry; die casting plant
製造する	せいぞう する	to manufacture
加工する	かこう する	to process
原料	げんりょう	raw material
機械	きかい	machine, machinery
設備	せつび	equipment
産業用ロボット	さんぎょうよう ロボット	industrial robot
欠陥商品	けっかん しょうひん	defective product
溶接機	ようせつき	welding machine
流れ作業	ながれ さぎょう	assembly line work
能率	のうりつ	efficiency
欠陥率	けっかんりつ	defect rate
工場長	こうじょうちょう	plant manager
自動化	じどうか	automation

96

Electronics

Japanese	Kana	English
電子産業	でんし　さんぎょう	electronics industry
直流	ちょくりゅう	DC
交流	こうりゅう	AC
コンセント	コンセント	socket, outlet
アンテナ	アンテナ	antenna
トランジスター	トランジスター	transistor
抵抗	ていこう	resistance
回路図	かいろず	circuit diagram
ダイヤル	ダイヤル	dial
コントラスト	コントラスト	contrast
音質	おんしつ	tone
音量調節	おんりょう　ちょうせつ	volume control
コイル	コイル	coil
ダイオード	ダイオード	diode
フィードバック	フィードバック	feedback
ソレノイド	ソレノイド	solenoid
極性	きょくせい	polarity
アンペア	アンペア	ampere
伝導	でんどう	conductivity
整流器	せいりゅうき	rectifier
ブラウン管	ブラウン　かん	cathode rate tube, CRT
歪み	ひずみ	distortion
発振	はっしん	oscillation
電位	でんい	potential
周波数	しゅうはすう	frequency
干渉	かんしょう	interference

Japanese	Kana	English
ヒューズ	ヒューズ	fuse

Computers and the Internet

The Computer

Japanese	Kana	English
コンピューター	コンピューター	computer
画面	がめん	screen
コンパクトディスク	コンパクトディスク	compact disc
中央処理装置	ちゅうおう しょり そうち	central processing unit, CPU
CD-R ドライブ	シーディーアールドライブ	CD-R drive
デスクトップパソコン	デスクトップパソコン	desktop PC
ローカルプリンタ	ローカルプリンタ	local printer
ラップトップ	ラップトップ	laptop
バイト	バイト	byte
バス	バス	bus
フロッピーディスク	フロッピーディスク	floppy disk
ディスク	ディスク	disk
カーソル	カーソル	cursor
最小化ボタン	さいしょうか ボタン	minimize button
最大化ボタン	さいだいか ボタン	maximize button
マウス	マウス	mouse
マウスパッド	マウスパッド	mouse pad
記憶媒体	きおく ばいたい	media (for recording data)
ハードディスク	ハードディスク	hard disk
PC カード	ピーシーカード	PC card
表計算ソフト	ひょうけいさん ソフト	spreadsheet software
周辺装置	しゅうへん そうち	peripheral device

Japanese	Kana	English
端末機	たんまつき	terminal
クリーンインストール	クリーンインストール	clean install
クリップボード	クリップボード	clip board
デバイスドライバ	デバイスドライバ	device driver
デリートキー	デリートキー	delete key
ディーブイディー	ディーブイディー	DVD
パソコン	パソコン	personal computer, PC
マイコン	マイコン	microcomputer
フラットディスプレイ	フラットディスプレイ	flat display
キャップスロックキー	キャップスロックキー	caps lock key

N e t w o r k i n g

Japanese	Kana	English
同軸ケーブル	どうじく ケーブル	coaxial cable
アップルトーク	アップルトーク	Apple Talk
モデム	モデム	modem
ケーブルモデム	ケーブルモデム	cable modem
ARPAnet	アーパネット	ARPAnet
チェックサム	チェックサム	check sum
ドッキングステーション	ドッキングステーション	docking station
構内通信網、LAN	こうない つうしんもう、ラン	local area network, lan
デフォルトゲートウェイ	デフォルトゲートウェイ	default gateway
ログオンプロンプト	ログオンプロンプト	logon prompt
アナログ	アナログ	analog
通信規約	つうしん きやく	protocol
広域通信網、WAN	こういき つうしんもう、ワン	wide area network, WAN
広域イーサネット	こういき イーサネット	wide-area LAN

Japanese	Kana	English
ルータ	ルータ	router
ブルータ	ブルータ	brouter
ブリッジ	ブリッジ	bridge
TCP	ティーシーピー	TCP
ネットワークトポロジー	ネットワークトポロジー	network topology
ダイヤルアップネットワーク	ダイヤルアップネットワーク	dial-up network
ケーブルルータ	ケーブルルータ	cable router

Software and Data Processing

Japanese	Kana	English
ソフトウェア	ソフトウェア	software
クロスプラットフォーム	クロスプラットフォーム	cross platform
プログラミング言語	プログラミング　げんご	programming language
プログラマ	プログラマ	programmer
マシン語	マシン　ご	machine language
ジャバ	ジャバ	Java
C++言語	シープラスプラス　げんご	C++ language
情報処理	じょうほう　しょり	data processing
バッチ処理	バッチ　しょり	batch processing
データベース	データベース	database
バックアップ	バックアップ	backup
プログラム	プログラム	program
関係データベース	かんけい　データベース	relational database
クエリー	クエリー	query
プロンプト	プロンプト	prompt
アルゴリズム	アルゴリズム	algorithm
入力	にゅうりょく	input
出力	しゅつりょく	output

Japanese	Kana	English
アクティブエックス	アクティブエックス	Active X
配列	はいれつ	array
フォートラン	フォートラン	Fortran
EJB	イージェービー	Enterprise Java Beans; EJB
プルダウンメニュー	プルダウンメニュー	pull-down menu
ドラッグ＆ドロップ	ドラッグアンドドロップ	drag and drop
人工知能	じんこう　ちのう	artificial intelligence
0 除算	ゼロ　じょさん	divide by zero
クッキー	クッキー	cookie
関数	かんすう	function
ビルトイン関数	ビルトイン　かんすう	built-in function
グローバル変数	グローバル　へんすう	global variable
キラーアプリケーション	キラーアプリケーション	killer application
レガシーシステム	レガシーシステム	legacy system
オブジェクト指向	オブジェクト　しこう	object-oriented
ユーザインターフェース	ユーザインターフェース	user interface

The Internet

Japanese	Kana	English
インターネット	インターネット	Internet
電子商取引	でんし　しょう　とりひき	electronic commerce
E メール	イーメール	e-mail
メールアドレス	メールアドレス	e-mail address
IP アドレス	アイピーアドレス	IP address
JPEG	ジェーペグ	JPEG
検索エンジン	けんさく　エンジン	search engine
ネチケット	ネチケット	netiquette
Web ブラウザ	ウェブブラウザ	web browser
企業内ポータル	きぎょうない　ポータル	corporate portal

Japanese	Kana	English
アドウェア	アドウェア	adware
コールセンター	コールセンター	call center
アニメーションジフ	アニメーションジフ	animated gif
帯域幅	たいいきはば	bandwidth
アフィリエイト	アフィリエイト	affiliate
Java アプレット	ジャバアプレット	Java applet
アンチウイルスソフト	アンチウイルスソフト	anti-virus software
認証、オーセンティケーション	にんしょう、オーセンティケーション	authentication
ASP	エーエスピー	Active Server Pages, ASP
ドメイン	ドメイン	domain
ホームページ	ホームページ	home page
クリップアート	クリップアート	clip art
ウェブページ	ウェブページ	Web page
アパッチ	アパッチ	Apache
ブロードバンド	ブロードバンド	broadband
ハッカー	ハッカー	hacker
エンクリプション	エンクリプション	encryption
添付ファイル	てんぷ ファイル	attached file
データセンター	データセンター	data center

Metal Manufacturing

Japanese	Kana	English
金属工業	きんぞく こうぎょう	metal industry
冶金学	やきんがく	metallurgy
溶鉱炉	ようこうろ	blast furnace
鉄	てつ	iron
鉄鋼業	てっこうぎょう	steel industry

Japanese	Kana	English
鋼鉄、鋼	こうてつ、はがね	steel
鉄棒	てつぼう	iron bar
鋼管	こうかん	steel pipe
溶接する	ようせつ　する	to weld
焼き戻し	やきもどし	tempering
焼きなまし	やきなまし	annealing
圧延する	あつえん　する	to roll (steel)
鋼板	こうばん	steel plate
ステンレス	ステンレス	stainless steel
銅線	どうせん	copper wire
精錬する	せいれん　する	to smelt, to refine
非鉄金属	ひてつ　きんぞく	non-ferrous metals
特殊鋼	とくしゅこう	special steel
鉄線	てっせん	steel wire
軟鋼	なんこう	low carbon steel
製鉄所	せいてつしょ	iron mill

Tools

Japanese	Kana	English
道具	どうぐ	tool
電動道具	でんどう　どうぐ	power tool
ねじ回し、ドライバー	ねじまわし、ドライバー	screwdriver
螺子	ねじ	screw
金槌	かなづち	hammer
釘を打つ	くぎ　を　うつ	to hammer a nail
鋸	のこぎり	saw
鉋	かんな	a plane
削る	けずる	to plane, to shave off
梯子	はしご	ladder

Japanese	Kana	English
ボルト	ボルト	bolt
ナット	ナット	nut
やすり	やすり	file

Construction

Japanese	Kana	English
建築	けんちく	construction
建物、ビル	たてもの、ビル	building
高層ビル	こうそう ビル	high-rise building
平屋	ひらや	one-story structure
二階建	にかい だて	two-story structure
敷地	しきち	site
セメント	セメント	cement
工事	こうじ	contruction work
室内装飾	しつない そうしょく	interior design
現場監督	げんば かんとく	site foreman
レンガ	レンガ	brick
タイル	タイル	(indoor) tile
瓦	かわら	rooftile
ペンキ	ペンキ	paint
塗る	ぬる	to paint
大工	だいく	carpenter
左官屋	さかんや	plasterer
板	いた	board, plank
アスファルト	アスファルト	asphalt
建ぺい率	けんぺいりつ	building-to-land ratio
木造住宅	もくぞう じゅうたく	wooden dwelling
プレハブ	プレハブ	prefabricated home
土木建築	どぼく けんちく	civil engineering

Japanese	Kana	English
建てる	たてる	to build
毀す	こわす	to tear down
腰壁	こしかべ	wainscot
蹴上げ(高)	けあげ(だか)	rise
防水工事	ぼうすいこうじ	waterproofing
鉄筋コンクリート	てっきん コンクリート	reinforced concrete
じょく層	じょくそう	sand cushion
設計する	せっけい する	to design; to draw up a blueprint
設計図	せっかい ず	blueprint
文化住宅	ぶんか じゅうたく	terrace house
掘る	ほる	to dig
埋める	うめる	to fill in, to bury
水道工事	すいどう こうじ	waterworks
給水	きゅうすい	water supply
排水	はいすい	drainage
ウォークインクローゼット	ウォークインクローゼット	walk-in closet

Agriculture

Japanese	Kana	English
農家	のうか	farm family; farmhouse
農業	のうぎょう	agriculture
田んぼ、田	たんぼ、た	rice paddy
畑	はたけ	field
養鶏場	ようけいじょう	poultry farm
家畜	かちく	livestock
獣医	じゅうい	veterinarian
牧場	ぼくじょう	stock farm, ranch
酪農	らくのう	dairy farming

105

Japanese	Kana	English
養豚	ようとん	pig farming
畜産	ちくさん	livestock farming
農民、百姓	のうみん、ひゃくしょう	farmer
灌漑する	かんがい する	to irrigate
用水路	ようすいろ	irrigation ditch
水田	すいでん	irrigated rice paddy
耕す	たがやす	to plow, to till
種を蒔く	たね を まく	to sow seeds
除草する	じょそう する	to weed
稲作	いなさく	rice cultivation
稲を刈る	いね を かる	to harvest rice
作物	さくもつ	crop
収穫する	しゅうかく する	to harvest
藁	わら	straw
農産物	のうさんぶつ	agriculture products
鎌	かま	scythe
肥料	ひりょう	fertilizer
脱穀機	だっこくき	threshing machine
果樹園	かじゅえん	orchard
干害	かんがい	drought damage
冷害	れいがい	frost damage
温室	おんしつ	green house
鍬	くわ	hoe
農薬	のうやく	agricultural chemicals
鋤	すき	plow
田植え	たうえ	rice-planting
トラクター	トラクター	tractor

Fish Farming

Japanese	Kana	English
水産業	すいさんぎょう	fish farming and processing
漁業	ぎょぎょう	fishing industry
漁船	ぎょせん	fishing boat
放流する	ほうりゅう する	to stock a river with fish
漁業協定	ぎょぎょう きょうてい	fisheries agreement
漁師	りょうし	fisherman
捕る、捕獲する	とる、ほかく する	to catch fish
底引き網	そこびき あみ	drag net
捕鯨	ほげい	whaling
もり	もり	harpoon
つり漁法	つり ぎょほう	fishing with rod and line
沖合漁業	おきあい ぎょぎょう	offshore fishing
沿岸漁業	えんがん ぎょぎょう	coastal fishing
遠洋漁業	えんよう ぎょぎょう	deep-sea fishing
漁獲高	ぎょかくだか	a catch (of fish)

Forestry

Japanese	Kana	English
林業	りんぎょう	forestry
植林	しょくりん	afforestation
間引く	まびく	to thin (trees)
鋸	のこぎり	saw
斧	おの	ax
伐採する、切る	ばっさい する、きる	to cut (trees)
苗木	なえぎ	seedling
樵	きこり	woodcutter

Japanese	Kana	English
チェーンソー	チェーンソー	chainsaw
広葉樹	こうようじゅ	deciduous tree
針葉樹	しんようじゅ	evergreen tree
木材	もくざい	lumber
丸太	まるた	log
製材所	せいざいしょ	sawmill
パルプ	パルプ	pulp
パルプ工場	パルプ こうじょう	pulp mill
硬材・軟材	こうざい・なんざい	hardwood / softwood
薪	まき	firewood
木目	もくめ	wood grain
鉋	かんな	plane
鉋くず	かんな くず	shavings

Textiles

Japanese	Kana	English
繊維産業	せんい さんぎょう	textile industry
紡績工場	ぼうせき こうじょう	spinning mill
生地、布、きれ	きじ、ぬの、きれ	cloth, fabric
天然繊維	てんねん せんい	natural fiber
デザイナー	デザイナー	designer
ファッション	ファッション	fashion
ファッションショー	ファッションショー	fashion show
モデル	モデル	model
化学繊維	かがく せんい	synthetic fibers
絹	きぬ	silk
糸	いと	thread
木綿、綿	もめん、めん	cotton
ポリエステル	ポリエステル	polyester

Japanese	Kana	English
ビニール	ビニール	vinyl
毛皮	けがわ	fur
デニム	デニム	denim
皮	かわ	leather
ナイロン	ナイロン	nylon
ニット	ニット	knitwear, knitted cloth
型紙	かたがみ	dress pattern
既製服	きせいふく	ready-made clothes
仕立てる	したてる	to tailor
平服	へいふく	casual clothes
式服	しきふく	formal wear
無地	むじ	plain cloth, solid-colored cloth
柄、模様	がら、もよう	pattern
プリント	プリント	printed cloth
格子、チェック	こうし、チェック	check pattern
デザイン	デザイン	designing, design
裁つ	たつ	to cut
裁断する	さいだん する	to cut
染色	せんしょく	dyeing
染める	そめる	to dye
染料	せんりょう	dye (material)
織る	おる	to weave
織物	おりもの	textile, fabric
織機	しょっき	loom

Society and Culture

Japanese	Kana	English
人口	じんこう	population
人口密度	じんこう みつど	population density
人口調査をする	じんこう ちょうさ を する	to take a census
人口統計	じんこう とうけい	population statistics
人口過剰	じんこう かじょう	overpopulation
少子高齢社会	しょうし こうれい しゃかい	an aging population with few children
人種	じんしゅ	race
白人	はくじん	Caucasian
黒人	こくじん	Negro; African
人種的偏見	じんしゅてき へんけん	racial prejudice
人種的差別	じんしゅてき さべつ	racial discrimination
人種的差別撤廃	じんしゅてき さべつ てっぱい	desegregation
離婚率	りこん りつ	divorce rate
民族集団	みんぞく しゅうだん	ethnic group
民族自決	みんぞく じけつ	self-determination of an ethnic group
民族学	みんぞくがく	ethnology
上流階級	じょうりゅう かいきゅう	upper class
中流階級	ちゅうりゅう かいきゅう	middle class
下流階級	かりゅう かいきゅう	lower class
西洋人	せいようじん	Westerner
東洋人	とうようじん	East Asian (person)
混血児	こんけつじ	mixed blood child
アルコール中毒	アルコールちゅうどく	alcoholism

Law

Japanese	Kana	English
法律、法	ほうりつ、ほう	law
治安	ちあん	civil order
弁護士	べんごし	attorney
証拠	しょうこ	proof
手続き	てつづき	procedures
印鑑、判	いんかん、はん	seal (on documents)
署名する、サインする	しょめい する、サイン する	to sign
証人	しょうにん	witness
法律の	ほうりつ の	legal
法律上の	ほうりつじょう の	legally
法律を守る	ほうりつ を まもる	to obey the law
法律を破る	ほうりつ を やぶる	to break the law
証言する	しょうげん する	to give testimony
偽証する	ぎしょう する	to commit perjury
宣誓する	せんせい する	to swear an oath
原告	げんこく	plaintiff
被告	ひこく	defendant
訴える	うったえる	to sue, go to court
裁判	さいばん	trial
裁判所	さいばんしょ	court
訴訟	そしょう	lawsuit
司法	しほう	administration of justice
民法	みんぽう	civil law
会社法	かいしゃほう	corporate law
簡易裁判所	かんい さいばんしょ	summary court
家庭裁判所	かてい さいばんしょ	family court

Japanese	Kana	English
最高裁判所	さいこう　さいばんしょ	Supreme Court
高等裁判所	こうとう　さいばんしょ	high court
地方裁判所	ちほう　さいばんしょ	district court

Local Government

Japanese	Kana	English
地方行政	ちほう　ぎょうせい	local government
市役所	しやくしょ	city hall
区役所	くやくしょ	ward office
都庁	とちょう	Tokyo Metropolitan Government Office
県知事	けんちじ	prefectural governor
県道	けんどう	prefectural highway
県当局	けんとうきょく	prefectural authorities
県庁、府庁、道庁	けんちょう、ふちょう、どうちょう	prefectural office
住民登録	じゅうみん　とうろく	resident registration
現住所	げんじゅうしょ	present address
本籍地	ほんせきち	legal address

Civil Infrastructure

Japanese	Kana	English
施設	しせつ	institution
交番	こうばん	police box
警察署	けいさつしょ	police station
水道局	すいどうきょく	waterworks bureau
水道管	すいどうかん	waterpipe
下水	げすい	sewer

Japanese	Kana	English
ダム	ダム	dam
電気	でんき	electricity
発電所	はつでんしょ	power plant
停電	ていでん	power failure
図書館	としょかん	library
博物館	はくぶつかん	museum
水族館	すいぞくかん	aquarium
橋	はし	bridge
電柱	でんちゅう	telephone pole
過密地帯	かみつ ちたい	densely populated area
過疎地帯	かそ ちたい	under-populated area
環境	かんきょう	environment
郊外	こうがい	suburbs
地下街	ちかがい	underground shopping center
地下鉄	ちかてつ	subway
汚染	おせん	pollution
汚染物質	おせん ぶっしつ	pollutant

Public Fees and Taxes

Japanese	Kana	English
税務署	ぜいむしょ	tax office
税金	ぜいきん	tax
所得税	しょとく ぜい	income tax
法人税	ほうじん ぜい	corporate tax
物品税	ぶっぴん ぜい	commodity tax
地方税	ちほう ぜい	local income tax
申告	しんこく	return, filing
免税	めんぜい	tax-free

Japanese	Kana	English
脱税	だつぜい	tax evasion
関税	かんぜい	customs duty
水道料	すいどう りょう	water charges
公認会計士	こうにん かいけいし	C.P.A.
税理士	ぜいりし	licensed tax accountant
公証人	こうしょうにん	notary public

Emergency Services

Japanese	Kana	English
消防署	しょうぼうしょ	fire station
消防士	しょうぼうし	fire fighter
火事、火災	かじ、かさい	fire
担架	たんか	stretcher
焼ける・焼く	やける・やく	to burn (vi/vt)
消す	けす	to extinguish
消火栓	しょうかせん	hydrant
消火器	しょうかき	fire extinguisher
消防車	しょうぼうしゃ	fire engine
救急車	きゅうきゅうしゃ	ambulance
救助する・救う	きゅうじょ する・すくう	to rescue

Crime and Punishment

Japanese	Kana	English
犯罪	はんざい	crime
犯罪率	はんざい りつ	crime rate
刑法	けいほう	criminal law
有罪・無罪	ゆうざい・むざい	guilty / innocent

Japanese	Kana	English
犯人	はんにん	criminal
万引き	まんびき	shoplifting
強盗	ごうとう	mugger; robber
泥棒	どろぼう	thief, burglar
お巡りさん	おまわりさん	street cop
刑事	けいじ	police detective
警部	けいぶ	police inspector
逮捕する	たいほ する	to arrest
手錠を掛ける	てじょう を かける	to put on handcuffs
黙秘権	もくひけん	the right to keep silent
懲役	ちょうえき	penal servitude
損害賠償を請求する	そんがい ばいしょう を せいきゅう する	to claim damages
罰金	ばっきん	fine
指紋	しもん	fingerprint
白状する	はくじょう する	to confess
自供する	じきょう する	to confess
窃盗	せっとう	larceny, theft
盗む	ぬすむ	to steal
恐喝罪	きょうかつざい	the crime of blackmail
詐欺	さぎ	fraud
汚職	おしょく	graft, official corruption
麻薬	まやく	narcotics
麻薬に関する罪	まやく に かんする つみ	narcotics offense
第一級謀殺	だい いっきゅう ぼうさつ	first-degree murder
第二級謀殺	だい にきゅう ぼうさつ	second-degree murder
殺人事件	さつじん じけん	murder case
乗っ取り	のっとり	hijacking

Japanese	Kana	English
人質	ひとじち	hostage
身代金	みのしろきん	ransom
少年の犯罪	しょうねん の はんざい	juvenile crime
死刑	しけい	death penalty
強姦	ごうかん	rape
重罪	じゅうざい	felony
軽犯罪	けいはんざい	misdemeanor
検察官、検事	けんさつかん、けんじ	public prosecuter
アリバイ	アリバイ	alibi
仮釈放、仮出獄	かりしゃくほう、かりしゅつごく	parole
出獄者	しゅつごくしゃ	released convict
宣告する	せんこく する	to pass sentence upon
痴漢	ちかん	sexual offender
婦女暴行	ふじょ ぼうこう	rape
猥褻	わいせつ	obscenity
自殺する	じさつ する	to commit suicide
心中	しんじゅう	double suicide
売春	ばいしゅん	prostitution
誘拐する	ゆうかい する	to kidnap
名誉毀損	めいよ きそん	libel, defamation
暴力	ぼうりょく	violence
暴力団	ぼうりょくだん	gang
やくざ	やくざ	gangster

Politics

Japanese	Kana	English
日米関係	にちべい かんけい	U.S.-Japan relations

Japanese	Kana	English
討論、議論	とうろん、ぎろん	debate, discussion
主権	しゅけん	sovereignty
政策	せいさく	policy
世論	せろん	public opinion
対策	たいさく	countermeasure policy
与党	よとう	government party
野党	やとう	opposition party
過半数	かはんすう	majority
多数決	たすうけつ	majority rule; decision by majority
天下り	あまくだり	retirement of government official into private industry
選挙	せんきょ	election
投票する	とうひょう する	to vote
当選する	とうせん する	to be elected
落選する	らくせんする	to be defeated in an election
予選	よせん	primary; pre-election
拒否権	きょひけん	veto power
黒幕	くろまく	one who pulls strings behind the scene; hidden power

International Relations

Japanese	Kana	English
国際関係	こくさい　かんけい	international relations
日米安全保障条約	にちべい　あんぜん　ほしょう　じょうやく	Japan-U.S. Security Treaty
外交機関	がいこう　きかん	diplomatic channels
外交官	がいこうかん	diplomat

Japanese	Kana	English
商務官	しょうむ　かん	commercial attaché
陸軍武官	りくぐん　ぶかん	military attaché
大使館	たいしかん	embassy
大使	たいし	ambassador
総領事	そうりょうじ	consul-general
領事	りょうじ	consul
領事館	りょうじ　かん	consulate
代理大使	だいり　たいし	chargé d'affaires
税関	ぜいかん	customs
入国管理事務所	にゅうこく　かんり じむしょ	immigration office
不良外人	ふりょう　がいじん	undesirable alien
大使館員	たいしかん　いん	attaché
国際法	こくさいほう	international law
文化交流	ぶんか　こうりゅう	cultural exchange
使節	しせつ	envoy
難民	なんみん	refugee
同盟	どうめい	alliance
同盟国	どうめいこく	allied country
国連、国際連合	こくれん、こくさい れんごう	United Nations
安全保障理事会	あんぜん ほしょう りじかい	U.N. Security Council
国連軍	こくれんぐん	U.N. troops
世界銀行	せかい　ぎんこう	World Bank
北大西洋条約機構	きたたいせいよう じょうやく　きこう	North Atlantic Treaty Organization; NATO
東南アジア諸国連合	とうなん　アジア しょこく　れんごう	ASEAN

Japanese	Kana	English
外交関係を絶つ	がいこう かんけい を たつ	to sever diplomatic relations
国旗	こっき	national flag
経済援助	けいざい えんじょ	economic aid
領土	りょうど	territory
領空	りょうくう	territorial airspace
領海	りょうかい	territorial waters
代表	だいひょう	representative
派遣する	はけん する	to dispatch
宣言	せんげん	declaration

Religion

G e n e r a l   T e r m s

Japanese	Kana	English
宗教	しゅうきょう	religion
神・女神	かみ・めがみ	god / goddess
一神教	いっしんきょう	monotheism
多神教	たしんきょう	polytheism
神聖な	しんせい な	sacred
信者	しんじゃ	believer
教徒	きょうと	believer; adherent (of a particular religion)
供物、お供え	くもつ、おさなえ	votive offering
改宗者	かいしゅうしゃ	a convert
改宗する	かいしゅう する	to convert
祭壇	さいだん	altar
信じる	しんじる	to believe
信仰	しんこう	faith; belief

Japanese	Kana	English
祝福する	しゅくふく する	to bless; to give a blessing
恵む	めぐむ	to bless; to bestow favor upon
祈る	いのる	to pray
祈り	いのり	prayer
礼拝する	れいはい する	to worship
異教徒	いきょうと	heathen
合掌する	がっしょう する	to clasp one's hands in prayer
殉教者	じゅんきょうしゃ	martyr
迫害を受ける	はくがい を うける	to persecute
天国・地獄	てんごく・じごく	heaven / hell
拝火教	はいかきょう	Zoroastrianism
ユダヤ教	ユダヤ きょう	Judaism
ヒンズー教	ヒンズー きょう	Hinduism
回教、イズラム教	かいきょう、イズラム きょう	Islam

Japanese Religion

Japanese	Kana	English
仏教	ぶっきょう	Buddhism
真宗	しんしゅう	Shinshu sect
浄土宗	じょうどしゅう	Jodo sect
臨済宗	りんざいしゅう	Rinzai sect
真言宗	しんごんしゅう	Shingon sect
禅	ぜん	Zen
密教	みっきょう	tantric Buddhisn
神道	しんとう	Shintoism
菩薩	ぼさつ	Bodisattva; Buddhist saint

Japanese	Kana	English
自蔵	じぞう	guardian diety of children
寺	てら	Buddhist temple
神社、社	じんじゃ、やしろ	Shinto shrine
坊主	ぼうず	Buddhist priest
仏	ほとけ	Buddha
お経	おきょう	sutra, Buddhist scripture
仏像	ぶつぞう	Buddhist statue
仏壇	ぶつだん	household Buddhist alter
座禅を組む	ざぜん を くむ	to sit in meditation
正座をする	せいざ を する	to sit in the lotus position
悟りを開く	さとり を ひらく	to reach enlightenment
極楽	ごくらく	Buddhist paradise
前世	ぜんせ	previous life
成仏	じょうぶつ	Nirvana
業	ごう	karma

Christianity

Japanese	Kana	English
キリスト教	キリスト きょう	Christianity
カトリック教	カトリック きょう	Catholicism
ギリシア正教	ギリシア せいきょう	Greek Orthodox
新教	しんきょう	Protestantism
教会	きょうかい	church
牧師	ぼくし	pastor
神父	しんぷ	Catholic priest
法王	ほうおう	Pope
ミサ	ミサ	mass
聖書	せいしょ	Bible
十字架	じゅうじか	crucifix

Japanese	Kana	English
洗礼	せんれい	baptism
復活	ふっかつ	Resurrection
賛美歌	さんびか	hymn
宣教師	せんきょうし	missionary
天使	てんし	angel
救世主	きゅうせいしゅ	Savior

The Supernatural

Japanese	Kana	English
超自然の現象	ちょうしぜん の げんしょう	the supernatural
幽霊	ゆうれい	ghost
迷信	めいしん	superstition
占い	うらない	fortune-telling
霊、魂	れい、たましい	spirit, soul
悪魔	あくま	devil, demon
吸血鬼	きゅうけつき	vampire
魔術	まじゅつ	magic
魔女	まじょ	witch
魔術師	まじゅつし	magician
直感	ちょっかん	intuition
第六感	だいろっかん	sixth sense

Personal Data

Japanese	Kana	English
生年月日	せいねん がっぴ	date of birth
パスポート、旅券	パスポート、りょけん	passport
ビザ、査証	ビザ、さしょう	visa

Japanese	Kana	English
外人登録証	がいじん とうろく しょう	alien registration card
国籍	こくせき	nationality
出生地	しゅっせいち	place of birth
在留期間	ざいりゅう きかん	period of stay
入国許可書	にゅうこく きょかしょ	entry permit
申請書	しんせいしょ	application form
永住	えいじゅう	permanent residence
国際結婚	こくさい けっこん	international marriage
証明書	しょうめいしょ	certificate
身分証明書	みぶん しょうめいしょ	personal identity card
在留資格	ざいりゅう しかく	residency status

Economics

Japanese	Kana	English
経済	けいざい	economy
経済学	けいざいがく	the study of economics
供給・需要	きょうきゅう・じゅよう	supply / demand
不景気	ふけいき	recession
労働力	ろうどうりょく	labor force
労働者階級	ろうどうしゃ かいきゅう	working classes
国有化する	こくゆうか する	to nationalize
産業革命	さんぎょう かくめい	industrial revolution
専売、独占	せんばい、どくせん	monopoly
商工会議所	しょうこう かいぎしょ	chamber of commerce
経団連	けいだんれん	Federation of Economic Organizations
資本主義	しほんしゅぎ	capitalism
社会主義	しゃかいしゅぎ	socialism
共産主義	きょうさんしゅぎ	communism

Japanese	Kana	English
資源	しげん	resources
経済成長	けいざい　せいちょう	economic growth
一人当たりの所得	ひとり　あたり　の　しょとく	per capita income
事業	じぎょう	enterprise
資本（金）	しほん（きん）	capital
投資する	とうし　する	to invest
国民総生産高	こくみん　そうせいさんだか	gross national product, GNP
最低賃金	さいてい　ちんぎん	minimum wages
賃金ベース	ちんぎん　ベース	wage standard; wage base
賃金格差	ちんぎん　かくさ	wage differentials
発展途上国	はってん　とじょうこく	developing country
先進国	せんしんこく	advanced nation
景気	けいき	economic conditions; the state of the economy
好景気	こうけいき	strong economy
インフレ・デフレ	インフレ・デフレ	inflation / deflation
第一次産業	だい　いちじ　さんぎょう	primary industry
第二次産業	だい　にじ　さんぎょう	secondary industry
第三次産業	だい　さんじ　さんぎょう	tertiary industry
恐慌	きょうこう	panic; depression
物価	ぶっか	prices, price levels

Trade

Japanese	Kana	English
貿易	ぼうえき	trade
輸入する	ゆにゅう　する	to import
輸出する	ゆしゅつ　する	to export

Japanese	Kana	English
外国為替	がいこく かわせ	foreign exchange
貿易会社	ぼうえき がいしゃ	trading company
商社	しょうしゃ	trading company
輸入品	ゆにゅう ひん	imported goods
輸入価格	ゆにゅう かかく	import prices
貿易摩擦	ぼうえき まさつ	trade friction
国際貿易	こくさい ぼうえき	international trade
輸入制限	ゆにゅう せいげん	import restrictions
輸出金融	ゆしゅつ きんゆう	export financing
輸出販売	ゆしゅつ はんばい	export sales
輸出沈滞	ゆしゅつ ちんたい	sluggish exports
信用状	しんようじょう	letter of credit

Military

Japanese	Kana	English
戦争	せんそう	war
内乱	ないらん	civil war
解放戦争	かいほう せんそう	war of liberation
砦、要塞	とりで、ようさい	fort
中立	ちゅうりつ	neutrality
城	しろ	castle
堀	ほり	moat
軍法会議	ぐんぽう かいぎ	court-martial
非戦闘員	ひせんとういん	noncombatant
戦闘力	せんとうりょく	fighting strength
休戦	きゅうせん	truce, cessation of hostilities
遠征	えんせい	expedition
占領する	せんりょう する	to occupy

Japanese	Kana	English
包囲する	ほうい　する	to lay siege
待ち伏せをする	まちぶせ　を　する	to ambush
駐留軍	ちゅうりゅうぐん	stationed troops
空襲する	くうしゅう　する	to conduct an air raid
侵入する	しんにゅう　する	to invade
人権蹂躙	じんけん　じゅうりん	human rights violation
戦う	たたかう	to fight
攻撃する	こうげき　する	to attack
平和	へいわ	peace
軍備縮小、軍縮	ぐんび　しゅくしょう、ぐんしゅく	disarmament
再軍備	さいぐんび	rearmament
反乱	はんらん	rebellion, revolt
革命	かくめい	revolution
紛争	ふんそう	dispute
敵軍	てきぐん	enemy troops
スパイ	スパイ	spy
偵察する	ていさつ　する	reconnoiter
ゲリラ	ゲリラ	guerilla
賊軍	ぞくぐん	rebel troops
忍者	にんじゃ	Edo-era spy
捕虜	ほりょ	prisoner of war
陸軍	りくぐん	army
海軍	かいぐん	navy
陸戦隊	りくせんたい	marines
空軍	くうぐん	air force
基地	きち	base
徴兵に取られる	ちょうへい　に　とられる	to be drafted
入隊する	にゅうたい　する	to enlist
訓練する	くんれん　する	to train

Japanese	Kana	English
兵舎	へいしゃ	barracks
軍隊	ぐんたい	troops
自衛隊	じえいたい	Self Defense Forces
兵隊、兵士	へいたい、へいし	soldier
伍長	ごちょう	corporal
軍曹	ぐんそう	sargeant
下士官	かしかん	noncommissioned officer
将校	しょうこう	officer
大佐	たいさ	colonel, navy captain
少佐	しょうさ	major, lieutenant commander
大尉	たいい	captain, navy lieutenant
大将	たいしょう	general, admiral
憲兵	けんぺい	military police

Weapons

Japanese	Kana	English
武器、兵器	ぶき、へいき	weapon
兵器庫	へいきこ	arsenal
戦車	せんしゃ	tank
爆撃機	ばくげきき	bomber
戦闘機	せんとうき	fighter plane
地雷	じらい	land mine
核兵器	かくへいき	nuclear weapons
核実験	かく じっけん	nuclear testing
原子爆弾、原爆	げんし ばくだん、げんばく	atomic bomb
防空壕	ぼうくうごう	air-raid shelter
レーダー	レーダー	radar

Japanese	Kana	English
空母	くうぼ	aircraft carrier
戦艦	せんかん	battleship
軍艦	ぐんかん	warship
対空ミサイル	たいくう ミサイル	anti-aircraft missle
対空砲火	たいくう ほうか	anti-aircraft fire
潜水艦	せんすいかん	submarine
魚雷	ぎょらい	torpedo
砲弾	ほうだん	shell
水素爆弾、 水爆	すいそ ばくだん、 すいばく	hydrogen bomb
銃、鉄砲	じゅう、てっぽう	gun
ピストル	ピストル	pistol
引き金	ひきがね	trigger
ライフル	ライフル	rifle
爆弾	ばくだん	bomb
焼夷弾	しょういだん	incendiary bomb
弾丸	だんがん	bullet
銃剣	じゅうけん	bayonet

The Home

General Terms

Japanese	Kana	Definition
家	いえ	house
屋根	やね	roof
マンション	マンション	apartment, condo
窓	まど	window
門	もん	gate
戸・ドア	と・ドア	door

Japanese	Kana	Definition
入口	いりぐち	entrance
出口	でぐち	exit
分譲マンション	ぶんじょう　マンション	condominium
引越し	ひっこし	moving (one house to another)
不動産	ふどうさん	real estate
不動産屋	ふどうさんや	realtor
建坪	たてつぼ	floor space
土地	とち	land
地主	じぬし	landowner
家主	やぬし	landlord
手付け金	てつけきん	deposit, earnest money (paid when buying)
敷金、権利金	けんりきん	deposit, earnest money
借家	しゃくや	rental house
住宅	じゅうたく	dwelling, residence
新築の	しんちく　の	newly built
抵当、住宅ローン	ていとう、じゅうたくローン	mortgage
郵便箱	ゆうびん　ばこ	mailbox
車庫・ガレージ	しゃこ・ガレージ	garage
柱	はしら	pillar
天井	てんじょう	ceiling
雨戸	あまど	storm door
壁	かべ	wall
網戸	あみど	screen door
廊下	ろうか	hall
階段	かいだん	staircase
手摺	てすり	banister
屋上	おくじょう	rooftop
地下室	ちかしつ	basement

Japanese	Kana	Definition
部屋	へや	room
軒	のき	eaves
樋	とい	rain pipe
床	ゆか	floor
居間	いま	living room
客間	きゃくま	guest room
炉	ろ	hearth
日本間・和室	にほんま・わしつ	Japanese-style room
書斎	しょさい	study room, den
障子	しょうじ	sliding paper door
床の間	とこ の ま	alcove for a scroll
掛軸・掛物	かけじく・かけもの	hanging scroll
押入れ	おしいれ	closet

Furniture and Interior Decorating

Japanese	Kana	Definition
家具	かぐ	furniture
テーブル	テーブル	table
ソファー	ソファー	sofa
絨毯	じゅうたん	carpet
棚	たな	shelf
カーテン	カーテン	curtain
ランプ	ランプ	lamp
壁紙	かべがみ	wallpaper
電球	でんきゅう	light bulb
花瓶	かびん	vase
時計	とけい	clock
灰皿	はいざら	ashtray
椅子	いす	chair

Japanese	Kana	Definition
本棚	ほんだな	bookshelf
机	つくえ	desk
座布団	ざぶとん	*tatami* cushion

Housework

Japanese	Kana	Definition
家事	かじ	housework
箒	ほうき	broom
掃く	はく	to sweep
掃除する	そうじ する	to clean
掃除機	そうじき	vacuum cleaner
片付ける	かたづける	to put in order; to tidy up
雑巾	ぞうきん	floorcloth
大掃除	おおそうじ	annual spring cleaning
洗濯	せんたく	laundry
洗濯機	せんたくき	washing machine
洗剤	せんざい	detergent
漂白剤	ひょうはくざい	bleach
糊	のり	starch
物干し竿	ものほしざお	clothes drying rod
縫う	ぬう	to sew
針	はり	needle
糸	いと	thread
巻き尺	まきじゃく	tape measure
ごみ	ごみ	trash
埃	ほこり	dust

The Bedroom

Japanese	Kana	Definition
寝室	しんしつ	bedroom
眠る・寝る	ねむる・ねる	to sleep
不眠症	ふみんしょう	insomnia
眠い	ねむい	sleepy
目が覚める	め が さめる	to wake up
起こす	おこす	to wake up
シーツ	シーツ	sheet
布団	ふとん	Japanese mattress
毛布	もうふ	blanket
枕	まくら	pillow
箪笥	たんす	chest of drawers
揺りかご	ゆりかご	cradle
起きる・起こす	おきる・おこす	to wake up (vi/vt)
夢を見る	ゆめ を みる	to dream
昼寝をする	ひるね を する	to take an afternoon nap
徹夜する	てつや する	to stay up all night
引き出し	ひきだし	drawer

The Bathroom

Japanese	Kana	Definition
浴室・風呂場	よくしつ・ふろば	bathroom
便所・トイレ	べんじょ・トイレ	washroom
便器	べんき	toilet bowl
浴槽	よくそう	bathtub
風呂にはいる	ふろ に はいる	take a bath
シャワー	シャワー	shower
洗面器	せんめんき	sink, basin

Japanese	Kana	Definition
石鹸	せっけん	soap
タオル・手拭い	タオル・てねぐい	towel
髪をとかす	かみ を とかす	to comb
櫛	くし	comb
ブラシ	ブラシ	brush
顔を洗う	かお を あらう	to wash one's face
ひげを剃る	ひげ を そる	to shave
かみそり	かみそり	razor

The Kitchen

Japanese	Kana	Definition
台所	だいどころ	kitchen
料理	りょうり	cooking
焼く・焼ける	やく・やける	to bake (vt/vi)
沸く・沸かす	わく・わかす	to boil (vi/vt) (water)
ゆでる	ゆでる	to boil (noodles, etc.)
揚げる	あげる	to deep fry
剥く	むく	to peel; to skin
切る	きる	to cut
刻む	きざむ	to mince; to chop
注ぐ	そそぐ	to pour
湯気・蒸気	ゆげ・じょうき	steam (*n.*)
漉す	こす	to filter, to strain
こぼす	こぼす	to spill
味を付ける	あじ を つける	to flavor
冷凍する	れいとう する	to freeze
解凍する	かいとう する	to thaw
炒める	いためる	to fry
蒸す	むす	to steam

133

Japanese	Kana	Definition
流し	ながし	sink
オーブン	オーブン	oven
レンジ	レンジ	range
冷蔵庫	れいぞうこ	refrigerator
冷凍庫	れいとうこ	freezer
炊飯器	すいはんき	rice cooker
電子レンジ	でんし　レンジ	microwave oven
鍋	なべ	pot
薬缶	やかん	kettle
フライパン	フライパン	frying pan
包丁	ほうちょう	butcher knife
俎板	まないた	chopping board
ミキサー	ミキサー	mixer
換気扇	かんきせん	ventilation fan
缶切り	かんきり	can opener
栓抜き	せんぬき	bottle opener
たわし	たわし	scrubbing brush
拭く	ふく	to wipe; to mop
皿ぶきん	さらぶきん	dishcloth
皿洗い機	さらあらいき	dishwasher
スポンジ	スポンジ	sponge

D i n i n g   R o o m

Japanese	Kana	Definition
食堂	しょくどう	dining room
食器	しょっき	tableware
箸	はし	chopsticks
箸置き	はしおき	chopstick rest
ナイフ	ナイフ	knife

Japanese	Kana	Definition
フォーク	フォーク	fork
スプーン	スプーン	spoon
ナプキン	ナプキン	napkin
テーブルクロス	テーブルクロス	tablecloth
皿	さら	plate
茶碗	ちゃわん	bowl for eating rice
椀	わん	soup bowl
急須	きゅうす	teapot
杯、猪口	さかずき、ちょこ	*sake* cup
徳利	とっくり	*sake* bottle
膳	ぜん	dining tray
湯呑	ゆのみ	teacup
盆	ぼん	tray

Lawn and Garden

Japanese	Kana	Definition
芝生	しばふ	lawn
庭	にわ	garden
芝刈機	しばかりき	lawnmower
塀	へい	fence
植え木	うえき	potted tree or plant; garden plant
噴水	ふんすい	fountain
テラス	テラス	terrace garden
花壇	かだん	flowerbed
生垣	いけがき	hedge
池	いけ	pond
砂	すな	sand
泥	どろ	mud
シャベル	シャベル	shovel

Japanese	Kana	Definition
ホース	ホース	hose
斧	おの	ax
火	ひ	fire
炎	ほのお	flame
煙	けむり	smoke
薪	まき	firewood
焚き火	たきび	bonfire
灰	はい	ash, cinder
燃える・燃やす	もえる・もやす	to burn (vi/vt)
土	つち	earth, soil
如雨露	じょうろ	watering can
桑	くわ	hoe
雑草	ざっそう	weed
除草剤	じょそうざい	weedkiller
刈る	かる	to trim; to mow

Clothing

Japanese	Kana	Definition
衣類	いるい	clothing
着る・脱ぐ	きる・ぬぐ	to put on / to take off
履く	はく	to put on (shoes, pants)
着替える	きがえる	to change clothes
ズボン	ズボン	pants
ベルト	ベルト	belt
エプロン、前掛け	エプロン、まえかけ	apron
スカーフ	スカーフ	scarf
手袋	てぶくろ	gloves
はめる	はめる	to put on (the hand or wrist)
帽子	ぼうし	hat

136

Japanese	Kana	Definition
鬘	かつら	wig
被る	かぶる	to put on the head
ネクタイ	ネクタイ	necktie
履物	はきもの	footwear
靴	くつ	shoes
長靴	ながぐつ	boots
サンダル	サンダル	sandals
スリッパ	スリッパ	slippers
靴下	くつした	socks
下駄	げた	wooden clogs
草履	ぞうり	formal sandals
靴べら	くつべら	shoehorn
靴紐	くつひも	shoelace
スラックス	スラックス	slacks
パンタロン	パンタロン	slacks for women
パンタロンスーツ	パンタロンスーツ	pantsuit
ジーンズ、ジーパン	ジーンズ、ジーパン	jeans
コート	コート	coat
背広	せびろ	a suit for men
スーツ	スーツ	suit (men or women)
ドレス、ワンピース	ドレス、ワンピース	dress
シャツ	シャツ	shirt
ブラウス	ブラウス	blouse
セーター	セーター	sweater
ベスト、チョッキ	ベスト、チョッキ	vest
制服	せいふく	uniform (school, work)
ユニフォーム	ユニフォーム	sports uniform
ジャケット	ジャケット	jacket
袖	そで	sleeve
ポケット	ポケット	pocket

Japanese	Kana	Definition
ボタン、釦	ボタン	button
ジッパー、ファスナー	ジッパー、ファスナー	zipper
寝巻き、寝間着	ねまき	sleepwear
パジャマ	パジャマ	pajamas
ネグリジェ	ネグリジェ	negligée
下着	したぎ	underwear
スリップ	スリップ	slip
ブラジャー	ブラジャー	bra
水着	みずぎ	swimsuit
着物	きもの	Japanese *kimono*
和服	わふく	Japanese clothing; *kimono*
洋服	ようふく	Western-style clothing; a suit
袴	はかま	pleated skirt for men; *hakama*
帯	おび	sash for a *kimono*
羽織	はおり	*kimono* half coat
足袋	たび	*kimono* socks
もんぺ	もんぺ	baggy pantaloons for women
襦袢	じゅばん	underkimono
浴衣	ゆかた	informal *kimono* for summer

Jewelry

Japanese	Kana	Definition
指輪	ゆびわ	ring
イヤリング	イヤリング	earring
ブレスレット	ブレスレット	bracelet
宝石	ほうせき	jewel; precious stone
エメラルド	エメラルド	emerald
ルビー	ルビー	ruby

Japanese	Kana	Definition
オパール	オパール	opal
真珠	しんじゅ	pearl
翡翠	ひすい	jade
金	きん	gold
銀	ぎん	silver

Cosmetics

Japanese	Kana	Definition
化粧品	けしょうひん	cosmetics
口紅	くちべに	lipstick
頬紅	ほうべに	rouge
ローション	ローション	lotion
化粧する	けしょう する	to put on make-up
クリーム	クリーム	face cream
白粉	おしろい	face powder
香水	こうすい	perfume

Food and Beverages

General Terms

Japanese	Kana	Definition
食品、食べ物	しょくひん、たべもの	food
朝食、朝御飯	ちょうしょく、あさごはん	breakfast
昼食、昼御飯	ちゅうしょく、ひるごはん	lunch
夕食、晩御飯	ゆうしょく、ばんごはん	dinner
軽食	けいしょく	light meal; snack
おかず	おかず	side dish
デザート	デザート	dessert

Japanese	Kana	Definition
夜食	やしょく	midnight snack
生鮮食品	せいせん しょくひん	perishable food
冷凍食品	れいとう しょくひん	frozen food
加工食品	かこう しょくひん	processed food
乾燥食品	かんそう しょくひん	dried food
前菜	ぜんさい	appetizer
おハつ	おやつ	afternoon refreshment
日本料理、和食	にほん りょうり、わしょく	Japanese cuisine
西洋料理、洋食	せいよう りょうり、ようしょく	Western cuisine
フランス料理	フランス りょうり	French cuisine
イタリア料理	イタリア りょうり	Italian cuisine
中華料理	ちゅうか りょうり	Chinese food
精進料理	しょうじん りょうり	vegetarian cuisine
ダイエット	ダイエット	diet
食べ過ぎる	たべすぎる	to overeat
節食する	せっしょく する	to eat less; to eat in moderation
うまい	うまい	tasty
甘い	あまい	sweet
辛い	からい	hot, peppery
塩辛い	しおからい	salty
酸っぱい	すっぱい	sour
生の	なま の	raw
新鮮な	しんせん な	fresh
栄養	えいよう	nutrition
蛋白質	たんぱくしつ	protein
炭水化物	たんすいかぶつ	carbohydrate
澱粉	でんぷん	starch
脂肪	しぼう	fat
ビタミン	ビタミン	vitamin

Japanese	Kana	Definition
カロリー	カロリー	calorie

Fish / Seafood

Japanese	Kana	Definition
魚	さかな	fish
魚介類、シーフード	ぎょかいるい、シーフード	seafood
鮪	まぐろ	tuna
とろ	とろ	oily tuna meat
刺身	さしみ	sliced raw fish
鮭	さけ	salmon
鯖	さば	mackerel
鱒	ます	trout
鯉	こい	carp
鮎	あゆ	smelt
鰹	かつお	bonito
鰯	いわし	sardine
鱈	たら	cod
秋刀魚	さんま	mackerel pike
鰻	うなぎ	freshwater eel
穴子	あなご	sea eel
鰊、鯡	にしん	herring
ひらめ	ひらめ	sole, flatfish
鯨肉	げいにく	whale meat
蟹	かに	crab
お寿司、お鮨	おすし	sushi
烏賊	いか	squid
蝦	えび	shrimp
車蝦	くるま えび	large hairless prawn
鰈	かれい	turbot; flounder

141

Japanese	Kana	Definition
鱸	すずき	striped bass
海胆	うに	sea urchin eggs
蛸	たこ	octopus
貝	かい	shellfish
鮑	あわび	abalone
かき	かき	oyster
蛤	はまぐり	clam

Meat

Japanese	Kana	Definition
肉	にく	meat
牛肉	ぎゅうにく	beef
豚肉	ぶたにく	pork
鶏肉、チキン	とりにく、チキン	chicken
ハム	ハム	ham
ビーフステーキ	ビーフステーキ	steak
ソーセージ	ソーセージ	sausage
レバー	レバー	liver
卵	たまご	egg
焼豚	やきぶた	roast pork
ベーコン	ベーコン	bacon

Grains/Cereals

Japanese	Kana	Definition
穀物	こくもつ	grain, cereal
小豆	あずき	red bean
大豆	だいず	soybean
玄米	げんまい	unhulled rice
白米	はくまい	polished rice

Japanese	Kana	Definition
御飯	ごはん	cooked rice
麦	むぎ	wheat, barley
糠	ぬか	rice bran
炊き込み御飯	たきこみ　ごはん	rice with boiled vegetables
鰻丼	うなぎ　どんぶり	bowl of rice with eel
パン	パン	bread
ビスケット	ビスケット	biscuit
トースト	トースト	toast
饂飩	うどん	noodle
小麦粉	こむぎこ	flour
お握り	おにぎり	boiled rice ball
赤飯	せきはん	rice with red beans
蕎麦	そば	buckwheat noodles
ラーメン	ラーメン	yellow wheat noodle

Nuts

Japanese	Kana	Definition
栗	くり	chestnut
落花生・ピーナッツ	らっかせい・ピーナッツ	peanuts
胡桃・クルミ	くるみ	walnut
ヘーゼルナッツ	ヘーゼルナッツ	hazelnut
アーモンド	アーモンド	almond

Vegetables

Japanese	Kana	Definition
野菜	やさい	vegetable
玉葱	たまねぎ	onion
葱	ねぎ	spring onion

143

Japanese	Kana	Definition
人参	にんじん	carrot, ginseng
キャベツ	キャベツ	cabbage
海草	かいそう	seaweed
昆布	こんぶ	kelp
海苔	のり	laver (dried seaweed)
大根	だいこん	giant radish
レタス	レタス	lettuce
茸	きのこ	mushroom
南瓜	かぼちゃ	pumpkin
もやし	もやし	bean sprouts
茄子（び）	なす（び）	eggplant
トマト	トマト	tomato
胡瓜	きゅうり	cucumber
白菜	はくさい	Chinese cabbage
じゃが芋	じゃがいも	potato
さつま芋	さつまいも	sweet potato
ほうれん草	ほうれんそう	spinach
蓮根	れんこん	lotus root
セロリ	セロリ	celery
竹の子	たけ の こ	bamboo shoot

Fruit

Japanese	Kana	Definition
果物	くだもの	fruit
柑橘類	かんきつるい	citrus fruit
梨	なし	pear
林檎、リンゴ	りんご	apple
葡萄	ぶどう	grape
西瓜	すいか	watermelon

Japanese	Kana	Definition
バナナ	バナナ	banana
パイナップル	パイナップル	pineapple
梅	うめ	plum
柘榴	ざくろ	pomegranate
枇杷	びわ	loquat
無花果	いちじく	fig
メロン	メロン	melon
桜んぼ	さくらんぼ	cherry
苺	いちご	strawberry
レモン	レモン	lemon
柿	かき	persimmon
杏	あんず	apricot
ミカン	ミカン	tangerine
桃	もも	peach

Dairy Foods

Japanese	Kana	Definition
牛乳、ミルク	ぎゅうにゅう、ミルク	milk
バター	バター	butter
クリーム	クリーム	cream
チーズ	チーズ	cheese
ヨーグルト	ヨーグルト	yogurt

Spice and Seasoning

Japanese	Kana	Definition
調味料	ちょうみりょう	seasoning
香辛料	こうしんりょう	spice
辛子	からし	mustard
山葵	わさび	horseradish

Japanese	Kana	Definition
生姜	しょうが	ginger
塩	しお	salt
醤油	しょうゆ	soy sauce
胡麻	ごま	sesame
酢	す	vinegar
砂糖	さとう	sugar

Prepared Dishes / Dining Out

Japanese	Kana	Definition
料理	りょうり	cooking, prepared dishes
外食する	がいしょく する	to dine out
レストラン	レストラン	restaurant
カレーライス	カレーライス	curry and rice
料亭	りょうてい	Japanese restaurant
蕎麦屋	そばや	noodle shop
寿司屋	すしや	sushi shop
屋台	やたい	stall for eating outside
板前	いたまえ	skilled cook at a Japanese restaurant
コック	コック	cook at a Western restaurant
注文する	ちゅうもん する	to order
サービス料	サービス りょう	service charge
飲食税	いんしょくぜい	food/drink tax
食べる	たべる	to eat
お絞り	おしぼり	wet towel given to customers at restaurants
割り箸	わりばし	half-split wooden chopsticks
メニュー	メニュー	menu
シチュー	シチュー	stew

Japanese	Kana	Definition
天婦羅	てんぷら	*tempura*
鍋物	なべもの	food cooked in a pot
すき焼	すきやき	*sukiyaki*
味噌汁	みそ しる	*miso* soup
サンドイッチ	サンドイッチ	sandwich
豚カツ	とん カツ	pork cutlet
ハンバーグ	ハンバーグ	hamburger

Miscellaneous Food Items

Japanese	Kana	Definition
豆腐	とうふ	tofu
揚げ	あげ	fried bean curd
漬物	つけもの	pickle
納豆	なっとう	fermented soybeans
蒲鉾	かまぼこ	fish paste
沢庵	たくあん	pickled radish
梅干	うめぼし	pickled plum

Desserts

Japanese	Kana	Definition
お菓子	おかし	sweets, desserts
チョコレート	チョコレート	chocolate
プリン	プリン	pudding
クッキー	クッキー	cookie
ケーキ	ケーキ	cake
饅頭	まんじゅう	bean jam buns
蜂蜜	はちみつ	honey
飴	あめ	candy, sweets
団子	だんご	small round dumpling

Beverages

Japanese	Kana	Definition
飲み物	のみもの	drink, beverage
氷	こおり	ice
ジュース	ジュース	juice
コーヒー	コーヒー	coffee
ココア	ココア	cocoa
お茶	おちゃ	tea
喫茶店	きっさてん	coffee shop
飲み屋	のみや	a stand-up bar
キャバレー	キャバレー	cabaret
スナック、バー	スナック、バー	bar
居酒屋	いざかや	small drinking establishment
飲む	のむ	to drink
啜る	すする	to sip
酔っ払う	よっぱらう	to get drunk
二日酔い	ふつかよい	hangover
麦茶	むぎちゃ	roasted barley tea
昆布茶	こんぶちゃ	seaweed tea
番茶	ばんちゃ	coarse green tea
紅茶	こうちゃ	black tea
ウイスキー	ウイスキー	whisky
水割り	みずわり	whisky, ice & water
ビール	ビール	beer
お酒	おさけ	*sake*, liquor
日本酒	にほんしゅ	*sake*
ぶどう酒、ワイン	ぶどうしゅ、ワイン	wine
ブランデー	ブランデー	brandy
ウオッカ	ウオッカ	vodka

Japanese	Kana	Definition
コニャック	コニャック	cognac
ジン	ジン	gin
シャンペン	シャンペン	champagne
ラム	ラム	rum
醸造する	じょうぞう する	to brew, to distill

Games and Hobbies

Japanese	Kana	English
趣味	しゅみ	hobby
切手収集	きって しゅうしゅう	stamp collecting
集める、収集する	あつめる、しゅうしゅう する	to collect
骨董品	こっとうひん	antiques
園芸	えんげい	gardening
遊ぶ	あそぶ	to play
おもちゃ、玩具	おもちゃ、がんぐ	toy
遊園地	ゆうえんち	playground
人形	にんぎょう	doll
ままごとをして遊ぶ	ままごと を して あそぶ	to play house
写真を撮る、撮影する	しゃしん を とる、さつえい する	to take photographs
フィルム	フィルム	film
現像する	げんぞう する	to develop (photos)
カメラ、写真機	カメラ、しゃしんき	camera
シャッター	シャッター	shutter
焦点を合わせる	しょうてん を あわせる	to focus
釣り	つり	fishing
魚を釣る	さかな を つる	to go fishing
釣り糸	つりいと	fishing line
釣り針	つりばり	fishing hook

Japanese	Kana	English
釣り竿	つりざお	fishing pole
浮き	うき	float
餌、えさ	え、えさ	bait
おもり	おもり	sinker
狩猟、狩	しゅりょう、かり	hunting
銃、鉄砲	じゅう、てっぽう	gun
猟犬	りょうけん	hunting dog
ゲーム	ゲーム	game
碁を打つ	ご を うつ	to play go
将棋	しょうぎ	Japanese chess
さいころ	さいころ	die
麻雀	まあじゃん	mahjong
パチンコ	パチンコ	pachinko
トランプ	トランプ	Western playing cards
かるた	かるた	Japanese card game
手芸	しゅげい	handicraft
編み物	あみもの	knitting
折り紙	おりがみ	origami, artistic paper-folding
刺繍	ししゅう	embroidery

Entertainment

Japanese	Kana	English
娯楽	ごらく	entertainment
見物に行く	けんぶつ に いく	to go sightseeing
遊覧バス	ゆうらん バス	sightseeing bus
遊覧船	ゆうらんせん	sightseeing boat
サーカス	サーカス	circus
映画	えいが	movie

Japanese	Kana	English
漫才	まんざい	comic dialog
映画館	えいがかん	movie theater
吹き替え、ダビング	ふきかえ、ダビング	dubbing
字幕	じまく	subtitles
入場料	にゅうじょうりょう	admission fee
競馬	けいば	horse racing

Travel

Japanese	Kana	English
旅行	りょこう	travel
旅	たび	travel, trip
旅行代理店	りょこう だいりてん	travel agency
旅行案内所	りょこう あんない じょ	travel information bureau
観光旅行	かんこう りょこう	sightseeing tour
観光客	かんこう きゃく	sightseer
観光地	かんこう ち	tourist destination
旅行者	りょこうしゃ	traveler
団体旅行	だんたい りょこう	group tour
ガイド	ガイド	guide
レンタカー	レンタカー	rental car
周遊券	しゅうゆうけん	round-trip ticket
予約する	よやく する	to reserve, to make a reservation
手荷物	てにもつ	hand luggage
遺失物取扱所	いしつぶつ とりあつかいじょ	lost and found office
免税品	めんぜい ひん	duty-free item
免税店	めんぜい てん	duty-free shop
旅館	りょかん	Japanese-style inn

Japanese	Kana	English
民宿	みんしゅく	family inn
ホテル	ホテル	hotel
ホテル代	ホテル　だい	hotel charges
女中	じょちゅう	maid
泊まる、宿泊する	とまる、しゅくはく　する	to stay (at a hotel, etc.)
ロビー	ロビー	lobby
ルームサービス	ルームサービス	room service
お土産	おみやげ	souvenir
旅費	りょひ	travel expenses
案内する	あんない　する	to guide, to show around
添乗員	てんじょういん	tour conductor

National Holidays

Japanese	Kana	English
祭日、祝日	さいじつ、しゅくじつ	national holidays
元日	がんじつ	New Year's Day
建国記念の日	けんこく　きねん　の　ひ	National Foundation Day
成人の日	せいじん　の　ひ	Coming-of-Age Day
春分の日	しゅんぶん　の　ひ	Vernal Equinox Day
天皇誕生日	てんのう　たんじょうび	Emperor's Birthday
子供の日	こども　の　ひ	Children's Day
憲法記念日	けんぽう　きねんび	Constitution Day
敬老の日	けいろう　の　ひ	Respect for the Aged Day
秋分の日	しゅうぶん　の　ひ	Autumnal Equinox Day
体育の日	たいいく　の　ひ	Sports Day
文化の日	ぶんか　の　ひ	Culture Day
勤労感謝の日	きんろう　かんしゃ　の　ひ	Labor Thanksgiving Day

Japanese	Kana	English
クリスマス	クリスマス	Christmas

Festivals

Japanese	Kana	English
祭り	まつり	festival
行列	ぎょうれつ	procession
鉢巻き	はちまき	headband worn during festivals
山車	だし	festival float
神輿	みこし	portable shrine
夜店	よみせ	night stall
縁日	えんにち	festival for a local deity

Common Adjectives

Japanese	Kana	English
いい、良い	いい、よい	good
悪い	わるい	bad
必要な・不要な	ひつよう な・ふよう な	necessary / unnecessary
一杯の・空の	いっぱい の、から の	full / empty
きれいな、清潔な	きれい な、せいけつ な	clean
汚い、汚れた	きたない・よごれた	dirty
正しい	ただしい	correct
本当の	ほんとう の	true, real
正確な	せいかく な	exact
間違った	まちがった	incorrect, wrong

153

Japanese	Kana	English
誤った	あやまった	incorrect, wrong
確かな	たしか な	certain
強い・弱い	つよい・よわい	strong / weak
丈夫な	じょうぶ な	sturdy, tough
特別な	とくべつ な	special
特殊な	とくしゅ な	special, particular
普通な、平凡な	ふつう な、 へいぼん な	common, ordinary
一般的な、 一般の	いっぱんてき な、 いっぱん の	general
忙しい	いそがしい	busy
暇な	ひま な	not busy, free
若い	わかい	young
年をとった	とし を とった	old (person)
年寄りの	としより の	old (person)
新しい	あたらしい	new
古い	ふるい	old
高い・低い	たかい・ひくい	high / low
高い・安い	たかい・やすい	expensive / cheap
大きい・小さい	おおきい・ちいさい	big / small
太い・細い	ふとい・ほそい	fat, thick / thin, slender
長い・短い	ながい・みじかい	long / short
重い・軽い	おもい・かるい	heavy / light
（分）厚い・薄い	（ぶ）あつい・うすい	thick /thin (books, etc.)
きつい・ゆるい	きつい・ゆるい	tight / loose
広い・狭い	ひろい・せまい	wide / narrow
速い・遅い	はやい・おそい	fast / slow
早い	はやい	early
多い、沢山の	おおい・たくさん の	many, much
少ない、	すくない、	few

Japanese	Kana	English
僅かな、 少しの	わずか な、 すこし の	few
鋭い・鈍い	するどい・にぶい	sharp / dull, blunt
深い・浅い	ふかい・あさい	deep / shallow
濃い	こい	thick (liquid), dark (color)
遠い・近い	とおい・ちかい	far / near
易しい、 簡単な	やさしい、 かんたん な	easy, simple
難しい	むずかしい	difficult
単純な	たんじゅん な	simple
複雑な	ふくざつ な	complicated
安全な	あんぜん な	safe
危ない、 危険な	あぶない、 きけん な	dangerous
便利な	べんり な	convenient
不便な	ふべん な	inconvenient
楽な・辛い	らく な・つらい	comfortable / painful, trying,
はっきりした	はっきり した	clear
曖昧な	あいまい な	vague, obscure
静かな	しずか な	quiet
うるさい	うるさい	noisy
喧しい	やかましい	noisy
十分な、充分な	じゅうぶん な	sufficient
自由な	じゆう な	free
重要な、 大切な、 大事な	じゅうよう な、 たいせつ な、 だいじ な	important
下らない	くだらない	trifling, worthless
おかしい	おかしい	funny, strange
主な	おも な	main

Japanese	Kana	English
懐かしい	なつかしい	longed for, nostalgic
色々な、 様々な	いろいろ な、 さまざま な	various, varied
同じ	おなじ	same
異なった、 違った	ことなった、 ちがった	different
相当な、 かなり の	そうとう な、 かなり の	considerable, plenty
幸運な・ 不幸な	こううん な・ ふこう な	lucky / unlucky
面白い	おもしろい	interesting
つまらない	つまらない	boring
退屈な	たいくつ な	tedious, boring
賑やかな	にぎやか な	bustling, animated
寂しい、淋しい	さびしい	lonely
楽しい	たのしい	fun, pleasant
素晴らしい	すばらしい	wonderful
当たり前の、 当然の	あたりまえ の、 とうぜん の	proper, reasonable
無理な	むり な	unreasonable
正常な・ 異常な	せいじょう な・ いじょう な	normal / abnormal
適当な、 適切な	てきとう な、 てきせつ な	suitable, proper

Physical Characteristics

Japanese	Kana	English
背が低い	せ が ひくい	short
背が高い	せ が たかい	tall

156

Japanese	Kana	English
痩せる	やせる	to grow thin
太る	ふとる	to grow fat
元気な・病気の	げんき な・びょうき の	healthy, well / sick, ill
綺麗な・醜い	きれい な・みにくい	pretty / ugly
美しい	うつくしい	beautiful

Personality Traits

Japanese	Kana	Definition
親切な	しんせつ な	kind
野心的な	やしんてき な	ambitious
悪賢い	わるがしこい	cunning
皮肉な	ひにく な	cynical
浅薄な	せんぱく な	shallow
正直な	しょうじき な	honest
上手な・下手な	じょうず な・へた な	good at / bad at
金持ちの	かねもち の	rich, wealthy
貧乏な、貧しい	びんぼう な、まずしい	poor, impoverished
幸せな	しあわせ な	happy
嬉しい・悲しい	うれしい・かなしい	happy / sad
真面目な	まじめ な	serious, diligent
有名な	ゆうめい な	famous

Numbers and Counters

Basic Numbers

Japanese	Kana	English
数	かず、すう	number

Japanese	Kana	English
零、ゼロ	れい、ゼロ	0
一	いち	1
二	に	2
三	さん	3
四	し、よん	4
五	ご	5
六	ろく	6
七	しち、なな	7
八	はち	8
九	く、きゅう	9
十、拾	じゅう	10
十一	じゅういち	11
十二	じゅうに	12
二十	にじゅう	20
五十	ごじゅう	50
百	ひゃく	100
百五十	ひゃくごじゅう	150
九百	きゅうひゃく	900
千	せん	1000
一万	いちまん	10,000
一億	いちおく	100,000,000
一兆	いっちょう	1,000,000,000,000

Generic Counters

Japanese	Kana	English
一つ	ひとつ	1
二つ	ふたつ	2
三つ	みっつ	3
四つ	よっつ	4

Japanese	Kana	English
五つ	いつつ	5
六つ	むっつ	6
七つ	ななつ	7
八つ	やっつ	8
九つ	ここのつ	9
十	とお	10

Specific Counters

Japanese 数詞	Kana すうし	English counters
一個、二個、三個	いっこ、にこ、さんこ	1, 2, 3 things in general
一本、二本、三本	いっぽん、にほん、さんぼん	1, 2, 3 pens, trees, etc.
一枚、二枚、三枚	いちまい、にまい、さんまい	1, 2, 3 papers, plates, etc.
一台、二台、三台	いちだい、にだい、さんだい	1, 2, 3 cars, machines, etc.
一機、二機、三機	いっき、にき、さんき	1, 2, 3 planes
一部、二部、三部	いちぶ、にぶ、さんぶ	1, 2, 3 books, newspapers
一軒、二軒、三軒	いっけん、にけん、さんげん	1, 2, 3 house
一切れ、二切れ、三切れ	ひときれ、ふたきれ、みきれ	1, 2, 3 slices
一通、二通、三通	いっつう、につう、さんつう	1, 2, 3 letters, forms
一冊、二冊、三冊	いっさつ、にさつ、さんさつ	1, 2, 3 books
一杯、二杯、三杯	いっぱい、にはい、さんばい	1, 2, 3 cups, glasses
一人、二人、三人	ひとり、ふたり、	1, 2, 3 people

Japanese	Kana	English
	さんにん	
一名、二名、三名	いちめい、にめい、さんめい	1, 2, 3 people
一歳、二歳、三歳・一才、二才、三才	いっさい、にさい、さんさい	1, 2, 3 years old
一頭、二頭、三頭	いっとう、にとう、さんとう	1, 2, 3 large animals
一匹、二匹、三匹	いっぴき、にひき、さんびき	1, 2, 3 smaller animals
一羽、二羽、三羽	いちわ、にわ、さんわ	1, 2, 3 birds
一足、二足、三足	いっそく、にそく、さんぞく	1, 2, 3 pairs of shoes, socks
一回、二回、三回	いっかい、にかい、さんかい	1, 2, 3 times, occasions
一組、二組、三組み	ひとくみ、ふたくみ、みくみ	1, 2, 3 sets, groups
一番、二番、三番	いちばん、にばん、さんばん	first, second, third; no.1 , no. 2, no. 3
一代、二代、三代	いちだい、にだい、さんだい	1, 2, 3 generations

Personal Pronouns

Japanese	Kana	English
人称代名詞	にんしょうだいめいし	personal pronouns
私	わたし、わたくし	I, me
僕	ぼく	I, me (informal; used by younger men)
俺	おれ	I, me (informal; used by men)

Japanese	Kana	English
わし	わし	I, me (informal; used by older men)
あたし	あたし	I, me (used by younger women)
我	われ	I, self
己	おのれ	I, myself
自分	じぶん	I, oneself
内	うち	I, mine, my (home)
私たち	わたしたち、わたくしたち	we, us
我々	われわれ	we, us
貴方、あなた	あなた	you
あんた	あんた	you (informal)
あなた方	あなた がた	you (plural)
君	きみ	you (informal, used by men)
お前	おまえ	you (extremely informal)
おめえ、てめえ	おめえ、てめえ	you (insulting)
貴様	きさま	you (insulting)
彼	かれ	he, him
彼ら	かれら	they, them (male plural)
彼女	かのじょ	she, her
彼女達	かのじょ たち	they, them (female plural)
あの方	あの かた	he, him; she, her (literally: that person)
あの人	あの ひと	informal version of あの方
こいつ	こいつ	he, him; she, her (insulting reference to a nearby person)
あいつ	あいつ	he, him; she, her (insulting reference to a distant or absent person)
奴	やつ	he; she; that guy (extremely informal and condescending)

161

Forms of Address

Japanese 接辞類	Kana せつじ るい	English forms of address
さん	さん	a polite suffix (2nd or 3rd person)
氏	し	respectful suffix (3rd person)
様	さま	very polite suffix
君	くん	suffix for friends, colleagues, and subordinates
殿	どの	official suffix
先生	せんせい	suffix for doctors and teachers
夫人	ふじん	respectful 3rd person suffix for women

Expressions for Formal Interaction

General Terms

Japanese 待遇表現	Kana たいぐう ひょうげん	English formal expressions
丁寧語	ていねいご	polite language
タテ社会	タテ しゃかい	hierarchical society
目上・目下	めうえ・めした	higher / lower social rank
先輩・後輩	せんぱい・こうはい	senior / junior (at school or work)
恩人	おんじん	person to whom one feels an obligation
義理	ぎり	sense of obligation
遠慮深い	えんりょ ぶかい	reserved, modest
謙遜な	けんそん な	humble

Japanese	Kana	English
すみません	すみません	sorry, excuse me
どうも	どうも	thank you, sorry
有難い	ありがたい	grateful, thankful
ありがとうございます	ありがとう ございます	thank you very much
お願いします	おねがい します	please grant me a favor
宜しくお願いします	よろしく おねがい します	please treat me kindly
お蔭様で	おかげさま で	thanks to you
ご苦労様	ご くろう さま	thanks for your efforts

Honorific Language

Japanese	Kana	English
敬語	けいご	honorific language
為さる	なさる	to do
いらっしゃる	いらっしゃる	to be; to come; to go
下さる	くださる	to give
おっしゃる	おっしゃる	to say; to be called
召し上がる	めしあがる	to eat; to drink

Humble Language

Japanese	Kana	English
謙譲語	けんじょうご	humble language
いたす	いたす	to do
おる	おる	to be
参る	まいる	to come; to go
承る	うけたまわる	to hear
申す	もうす	to say; to be called
申し上げる	もうしあげる	humbler form of 申す

Japanese	Kana	English
上げる	あげる	to give; to do a favor for someone
差し上げる	さしあげる	humbler form of 上げる
存じる	ぞんじる	to know; to think
存じ上げる	ぞんじあげる	humbler form of 存じる
頂く	いただく	to receive
伺う	うかがう	to inquire; to visit
拝借する	はいしゃく　する	to borrow
拝見する	はいけん　する	to see; to look at

Words Used in Correspondence

Japanese	Kana	English
手紙用語	てがみ　ようご	words used in letters
拝啓	はいけい	Dear Sir or Madame, Dear Gentlemen
敬具	けいぐ	Respectfully yours
前略	ぜんりゃく	a short form of greeting at the start of a letter
追伸	ついしん	P.S., postscript

Days of the Week

Japanese	Kana	English
日曜日	にちようび	Sunday
月曜日	げつようび	Monday
火曜日	かようび	Tuesday
水曜日	すいようび	Wednesday
木曜日	もくようび	Thursday
金曜日	きんようび	Friday

土曜日	どようび	Saturday

Months of the Year

Japanese	Kana	English
月一回	つき いっかい	once per month
一月	いちがつ	January
二月	にがつ	February
三月	さんがつ	March
四月	しがつ	April
五月	ごがつ	May
六月	ろくがつ	June
七月	しちがつ	July
八月	はちがつ	August
九月	くがつ	September
十月	じゅうがつ	October
十一月	じゅういちがつ	November
十二月	じゅうにがつ	December

General Time Expressions

Japanese	Kana	English
時、時間	とき、じかん	time
今、現在	いま、げんざい	now, the present
未来、将来	みらい、しょうらい	future
過去	かこ	past
大昔	おおむかし	long ago
最近	さいきん	recently
この間	この あいだ	recently
瞬間	しゅんかん	moment, instant

Japanese	Kana	English
午前	ごぜん	a.m.
午後	ごご	p.m.
昼	ひる	noon, daytime
晩	ばん	night
朝	あさ	morning
正午	しょうご	noon
夜中	よなか	midnight, very late at night
真夜中	まよなか	exactly midnight
秒	びょう	second
1秒、2秒	いちびょう、にびょう	1 second, 2 seconds…
分	ふん	minute
1分、2分	いっぷん、にふん	1 minute, 2 minutes…
1時間、2時間	いちじかん、にじかん	1 hour, 2 hours…
3時半	さんじはん	3:30
日	ひ	day
1日、2日、3日	いちにち、ふつか、みっか	1 day, 2 days, 3 days….
今日	きょう	today
今朝	けさ	this morning
今夜	こんや	this evening
今週	こんしゅう	this week
先週	せんしゅう	last week
来週	らいしゅう	next week
今月	こんげつ	this month
先月	せんげつ	last month
来月	らいげつ	next month
昨日	きのう、さくじつ	yesterday

Japanese	Kana	English
一昨日	おととい、いっさくじつ	the day before yesterday
明日	あした、あす、みょうにち	tomorrow
明後日	あさって、みょうごにち	the day after tomorrow
今年	ことし	this year
去年、昨年	きょねん、さくねん	last year
来年	らいねん	next year
期間	きかん	period of time
時差	じさ	difference in time
毎朝	まいあさ	every morning
毎晩	まいばん	every evening
毎月	まいつき、まいげつ	every month
毎日	まいにち	everyday
一日おきに	いちにち おき に	every other day
毎週	まいしゅう	every week
上旬	じょうじゅん	first ten days of the month
中旬	ちゅうじゅん	second ten days of the month
下旬	げじゅん	last ten days of the month
二ヶ月間	にかげつかん	for 2 months
頃	ころ、ごろ	about, around (used only with time)
最近	さいきん	recently
近頃	ちかごろ	recently

Seasons and Weather

Japanese	Kana	English
季節	きせつ	season
季節的変動	きせつてき へんどう	seasonal variation
季節物	きせつ もの	seasonal goods

167

Japanese	Kana	English
春	はる	spring
夏	なつ	spring
秋	あき	autumn
日没	にちぼつ	sunset
日の出	ひ の で	sunrise
快晴	かいせい	clear weather
晴れ	はれ	fair weather
雲	くも	cloud
曇った	くもった	cloudy
冬	ふゆ	winter
冬らしい	ふゆ らしい	wintry
冬めく	ふゆ めく	to become wintry
人生の春	じんせい の はる	the springtime of life
春の目覚め	はる の めざめ	the awakening of the spring
小春日和	こはる びより	Indian summer
雨	あめ	rain
降雨	こうう	rainfall
雪	ゆき	snow
降雪	こうせつ	snowfall
霙	みぞれ	sleet
大雨	おおあめ	heavy rain
小雨	こさめ	sprinkle
集中豪雨	しゅうちゅう ごうう	downpour
暴風雨	ぼうふう あめ	rain storm
虹	にじ	rainbow
にわか雨	にわか あめ	shower
ときどき雨	ときどき あめ	occasional showers
雨滴	うてき	raindrop
雹	ひょう	hail

168

Japanese	Kana	English
吹雪、大雪	ふぶき、おおゆき	blizzard
積雪	せきせつ	snow cover
霧雨	きりさめ	drizzle
台風	たいふう	typhoon
竜巻	たつまき	tornado
初雪	はつ ゆき	first snow
にわか雪	にわか ゆき	snow shower
雪片	せっぺん	snowflake
溶けかけた雪	とけかけた ゆき	slush
氷	こおり	ice
つらら	つらら	icicle
霜	しも	frost
初霜	はつ しも	first frost
露	つゆ	dew
風	かぜ	wind
風が強い	かぜ が つよい	windy
突風	とっぷう	gust
季節風	きせつ ふう	monsoon
エルニーニョ現象	エルニーニョ げんしょう	El Niño
雷雨	らいう	thunderstorm
雷	かみなり	thunder
稲妻	いなずま	lightning
地震	じしん	earthquake
洪水	こうずい	flood
雨季	うき	rainy season
乾季	かんき	dry season
暖冬	だんとう	warm winter
冷夏	れいか	cool summer
気温	きおん	temperature
湿度	しつど	humidity

Japanese	Kana	English
気団	きだん	air mass
前線	ぜんせん	front
停滞前線	ていたい　ぜんせん	stationary front
寒冷前線	かんれい　ぜんせん	cold front
温暖前線	おんだん　ぜんせん	warm front
最高気温	さいこう　きおん	high (temperature)
最低気温	さいてい　きおん	low (temperature)
低気圧配置	ていきあつ　はいち	low pressure system
高気圧配置	こうきあつ　はいち	high pressure system
気圧	きあつ	air pressure
風向き	かざむき	wind direction
降水確率	こうすい　かくりつ	probability of precipitation
花粉情報	かふん　じょうほう	pollen information

Colors

Japanese	Kana	English
色	いろ	color
赤	あか	red
青	あお	blue
緑	みどり	green
黄色	きいろ	yellow
白	しろ	white
黒	くろ	black
紫色	むらさき　いろ	purple
青紫	あお　むらさき	blue violet
茶色	ちゃ　いろ	brown
オレンジ・だいだい色	オレンジ・だいだい　いろ	orange

Japanese	Kana	English
灰色	はいいろ	gray
ネズミ色	ネズミ いろ	dim gray
フクシャ	フクシャ	fuchsia
黄金色	おうごん いろ	gold
カーキ色・土色	カーキ いろ・つちいろ	khaki
薄青	うす あお	light blue
黄銅色	おうどう いろ	brass
深緑	しんりょく	dark green
レンガ色	れんが いろ	firebrick red
松葉色	まつば いろ	forest green
キハダ色	キハダ いろ	goldenrod
ライム	ライム	lime
赤紫	あか むらさき	magenta
栗色	くり いろ	maroon
濃紺色	のうこん いろ	navy blue
オリーブ	オリーブ	olive
薄緑	うすみどり	pale green
ピンク	ピンク	pink
藤色	ふじ いろ	lavender
群青色	ぐんじょういろ	ultramarine
銀色	ぎんいろ	silver
エメラルドグリーン	エメラルドグリーン	emerald green
朱色	しゅ いろ	vermilion
黄緑	きみどり	yellow green
朽葉色	くちば いろ	russet brown
サーモンピンク	サーモンピンク	salmon
黄褐色	おうかっしょく	tan
水色	みず いろ	aqua

Basic Transitive / Intransitive Verb Pairs

Japanese	Kana	English
渡る・渡す	わたる・わたす	to cross over / to hand over
緩む・緩める	ゆるむ・ゆるめる	to become slack / to loosen
出る・出す	でる・だす	to come out / to put out
移る・移す	うつる・うつす	to move (vi) / to move (vt.)
映る・映す	うつる・うつす	to be reflected / to copy; to transcribe
始まる・始める	はじまる・はじめる	to begin (vi) / to begin (vt)
見る・見せる	みる・みせる	to look / to show to
上がる・上げる	あがる・あげる	to go up / to raise, to lift
下がる・下げる	さがる・さげる	to go down / to lower
教わる・教える	おそわる・おしえる	to learn, to be taught / to teach
売れる・売る	うれる・うる	to sell (vi / vt)
戻る・戻す	もどる・もどす	to return (vi/vt)
返る・返す	かえる・かえす	to return (vi/vt)
浮かぶ・浮かべる	うかぶ・うかべる	to float / to set afloat
外れる・外す	はずれる・はずす	to be disconnected / to disconnect
伸びる・伸ばす	のびる・のばす	to be extended / to extend
固まる・固める	かたまる・かためる	to harden (vi/vt)
繋ぐ・繋がる	つなぐ・つながる	to fasten / to be connected
枯れる・枯らす	かれる・からす	to wither (vi/vt)
余る・余す	あまる・あます	to remain / to leave over
残る・残す	のこる・のこす	to remain / to leave over
垂れる・垂らす	たれる・たらす	to hang, to dangle / to suspend

Verbs formed by Adding する to Sino-Japanese Compounds

Japanese	Kana	English
開始する	かいし する	to start, to begin
動揺する	どうよう する	to tremble; to skake
安定する	あんてい する	to be stabilized
調和する	ちょうわ する	to harmonize, to agree with
一致する	いっち する	to agree, to be in accord with
増加する	ぞうか する	to increase
減少する	げんしょう する	to decrease
進歩する	しんぽ する	to make progress, to improve
経験する	けいけん する	to experience
発達する	はったつ する	to develop
発展する	はってん する	to grow, to develop
発見する	はっけん する	to discover
上達する	じょうたつ する	to make progress; to get better
思考する	しこう する	to think, to consider
回転する	かいてん する	to revolve, to rotate
影響する	えいきょう する	to influence
冒険する	ぼうけん する	to run a risk
行動する	こうどう する	to act; to conduct oneself
刺激する	しげき する	to stimulate, to irritate
成功する	せいこう する	to succeed
失敗する	しっぱい する	to fail
奨励する	しょうれい する	to encourage
予定する	よてい する	to plan, to schedule
記録する	きろく する	to record
通知する	つうち する	to inform
要求する	ようきゅう する	to demand, to require

Japanese	Kana	English
調査する	ちょうさ する	to investigate, to examine
検査する	けんさ する	to inspect, to examine
開発する	かいはつ する	to develop
準備・用意する	じゅんび・ようい する	to prepare
工夫する	くふう する	to devise, to contrive
報告する	ほうこく する	to report
了解する	りょうかい する	to understand; to agree
進出する	しんしゅつ する	to march out; to advance
証明する	しょうめい する	to prove; to certify
使用する	しよう する	to use, to employ

174

Prefixes and Suffixes

Prefixes

非　ひ　non- un-

Japanese	Kana	English
非鉄金属	ひてつ きんぞく	non-ferrous metals
非武装化する	ひぶそうか する	to demilitarize
非社交的な	ひしゃこうてき な	unsociable

不　ふ　un-, dis- not-

Japanese	Kana	English
不規則な	ふきそく な	irregular
不必要な	ふひつよう な	unnecessary
不安定な	ふあんてい な	unstable

各　かく　each, every

Japanese	Kana	English
各作家	かくさっか	every author
各企業	かくきぎょう	every company, every enterprise
各従業員	かくじゅうぎょういん	every employee

超　ちょう　super-, ultra-

Japanese	Kana	English
超大国	ちょうたいこく	superpower

175

Japanese	Kana	English
超音波	ちょうおんぱ	ultrasonic waves
超音速	ちょうおんそく	supersonic speed

大　だい　great, large

Japanese	Kana	English
大反対	だいはんたい	strong opposition
大問題	だいもんだい	huge problem
大成功	だいせいこう	great success

旧　きゅう　old, former

Japanese	Kana	English
旧制度	きゅうせいど	former system
旧規則	きゅうきそく	old rules
旧通貨	きゅうつうか	former currency

未　み　un-, not yet-

Japanese	Kana	English
未決定の	みけってい　の	undecided
未払いの	みはらい　の	unpaid
未確定の	みかくてい　の	indeterminate

無　む　un-, -less

Japanese	Kana	English
無意味な	むいみ　な	meaningless

Japanese	Kana	English
無条件の	むじょうけん の	unconditional
無関心	むかんしん	indifference

再　さい　again, re-

Japanese	Kana	English
再放送する	さいほうそう する	to rebroadcast
再発足する	さいほっそく する	to make a fresh start
再販売する	さいはんばい する	to resell

新　しん　new

Japanese	Kana	English
新体制	しんたいせい	new organization, new structure
新安値	しんやすね	new low (stock prices)
新憲法	しんけんぽう	new constitution

諸　しょ　various, several

Japanese	Kana	English
諸言語	しょげんご	various languages
諸症状	しょしょうじょう	various symptoms
諸学会	しょがっかい	various academic societies

総　そう　general, total

Japanese	Kana	English
総支配人	そうしはいにん	general manager
総索引	そうさくいん	general index

総額	そうがく	total amount

全　ぜん　all, whole

Japanese	Kana	English
全速力	ぜんそくりょく	full speed
全世界	ぜんせかい	the whole world
全工程	ぜんこうてい	the entire process

Suffixes

別　べつ　by, according to

Japanese	Kana	English
部門別の	ぶもんべつ　の	by department
地域別の	ちいきべつ　の	by region
会社別の	かいしゃべつ　の	by company

病　びょう　sickness, illness

Japanese	Kana	English
精神病	せいしんびょう	mental illness
胃病	いびょう	stomach illness
腎臓病	じんぞうびょう	kidney disease

調　ちょう　style, flavor

Japanese	Kana	English
翻訳調	ほんやくちょう	translationese, unnatural

Japanese	Kana	English
		translation
演説調	えんぜつちょう	sounding like a speech; overly formal speech
口語調	こうごちょう	colloquial style

中　　ちゅう　during, in the middle of

Japanese	Kana	English
工事中	こうじちゅう	under construction
勤務中	きんむちゅう	on duty
休み中	やすみちゅう	on vacation

中　　じゅう　throughout

Japanese	Kana	English
一晩中	ひとばんじゅう	all night
今週中	こんしゅうじゅう	throughout this week
世界中	せかいじゅう	around the world

代　　だい　fees, charges

Japanese	Kana	English
食事代	しょくじだい	meal charges
列車代	れっしゃだい	train charges
部屋代	へやだい	room fees

度　　ど　degree of

Japanese	Kana	English
重要度	じゅうようど	degree of importance
酸性度	さんせいど	degree of acidity
加速度	かそくど	degree of acceleration

費　　ひ　expenses

Japanese	Kana	English
生活費	せいかつひ	living expenses
医療費	いりょうひ	medical expenses
維持費	いじひ	maintenance expenses

上　　じょう　pertaining to, based on

Japanese	Kana	English
法律上の	ほうりつじょう　の	legal
外見上の	がいけんじょう　の	based on outward appearance
学問上の	がくもんじょう　の	academically speaking

風　　ふう　-style

Japanese	Kana	English
日本風の	にほんふう　の	Japanese-style
西洋風の	せいようふう　の	Western-style
田舎風の	いなかふう　の	country-style

派　は　-faction

Japanese	Kana	English
過激派	かげきは	radicals
鷹派	たかは	hard-liners, hawks
親日派	しんにちは	pro-Japanese faction

化　か　-ization

Japanese	Kana	English
機械化する	きかいか　する	to mechanize
近代化する	きんだいか　する	to modernize
深刻化する	しんこくか　する	to intensify

感　かん　feeling, sense

Japanese	Kana	English
危機感	ききかん	a sense of crisis
満足感	まんぞくかん	a feeling of satisfaction
責任感	せきにんかん	a sense of responsibility

観　かん　view of

Japanese	Kana	English
価値観	かちかん	one's values
世界観	せかいかん	world view
道徳観	どうとくかん	view of morality

力　りょく　ability, capacity

Japanese	Kana	English
日本語力	にほんごりょく	ability in Japanese
影響力	えいきょうりょく	power of influence
破壊力	はかいりょく	destructive capability

料　りょう　fee, charge

Japanese	Kana	English
授業料	じゅぎょうりょう	tuition, instruction fees
手数料	てすうりょう	handling charge
駐車料	ちゅうしゃりょう	parking fee

流　りゅう　in the style of, -like

Japanese	Kana	English
日本流の仕事の進め方	にほんりゅう の しごと の すすめかた	the Japanese way of working
西欧近代流の民主国家	せいおう きんだい りゅう の みんしゅ こっか	a democratic country of the Western European, modern style
当世流の人生観	とうせいりゅう の じんせいかん	the contemporary view of humanity

性　せい　-ity, -ness

Japanese	Kana	English
安全性	あんぜんせい	safety
生産性	せいさんせい	productivity

可能性	かのうせい	possibility

心　しん　spirit, sentiment

Japanese	Kana	English
克己心	こっきしん	spirit of self-denial
警戒心	けいかいしん	wariness
競争心	きょうそうしん	competitive spirit

説　せつ　theory, doctrine

Japanese	Kana	English
血液型性格関連説	けつえきがた　せいかく　かんれん　せつ	the theory that blood type influences personality
二酸化炭素地球温暖化脅威説	にさんか　たんそ　ちきゅう　おんだんか　きょうい　せつ	the theory of harmful global warming due to carbon dioxide

論　ろん　theory, debate, opinion

Japanese	Kana	English
人類進化論	じんるい　しんか　ろん	theory of human evolution
日本人論	にほんじん　ろん	academic and theoretical discussions about what makes the Japanese unique
首都移転論	しゅと　いてん　ろん	debates about moving the capitol (from Tokyo to another city)

視　　し　　seeing as, regarding as

Japanese	Kana	English
危険視する	きけんし　する	to regard as dangerous
問題視する	もんだいし　する	to regard as a problem
不安視する	ふあんし　する	to regard as unsafe

式　　しき　　style, type

Japanese	Kana	English
回転式の	かいてん　しき　の	rotating type
タッチパネル式の	タッチパネル　しき　の	touch-screen style
折り畳み式の	おりたたみしき　の	folding type

層　　そう　　class, stratum

Japanese	Kana	English
管理者層	かんりしゃ　そう	managerial class
労働者層	ろうどうしゃ　そう	worker class
学生層	がくせい　そう	student stratum

用　　よう　　used for

Japanese	Kana	English
家庭用の	かていよう　の	for household use
携帯用の	けいたいよう　の	portable
印刷用の	いんさつよう　の	used for printing

Common Japanese Homonyms

Homonyms

ぼうこう　　　膀胱、暴行

Japanese	Kana	English
膀胱	ぼうこう	bladder
暴行する	ぼうこう　する	to commit violence

ちゅうしゃ　　　駐車、注射

Japanese	Kana	English
駐車する	ちゅうしゃ　する	to park (a car)
注射を受ける	ちゅうしゃ　を　うける	to get an injection

ちゅうしょう　　　中傷、抽象、中小

Japanese	Kana	English
中傷的な	ちゅうしょうてき　な	slanderous
抽象的な	ちゅうしょうてき　な	abstract
中小企業	ちゅうしょう　きぎょう	small- and medium-sized companies

だんがい　　断崖、弾劾

Japanese	Kana	English
断崖	だんがい	precipice; cliff
弾劾する	だんがい　する	to impeach

どうじょう　　同情、道場

Japanese	Kana	English
同情する	どうじょう　する	to sympathize
道場	どうじょう	exercise hall, *dojo*

どうき　　動機、同期、動悸、銅器

Japanese	Kana	English
動機	どうき	motive
同期の	どうき　の	of the same period
動悸	どうき	heart palpitation
銅器時代	どうき　じだい	the Copper Age

どくしん　　独身、読心、読唇

Japanese	Kana	English
独身生活	どくしん　せいかつ	single life
読心術	どくしんじゅつ	mind-reading
読唇術	どくしんじゅつ	lip reading

どうよう　動揺、童謡、同様

Japanese	Kana	English
動揺する	どうよう　する	to shake; to roll
童謡	どうよう	nursery rhyme
同様の	どうよう　の	of the same kind

えいせい　衛星、衛生、永世

Japanese	Kana	English
衛星中継	えいせい　ちゅうけい	satellite telecast
衛生的な	えいせいてき　な	hygienic; sanitary
永世中立	えいせい　ちゅうりつ	permanent neutrality

ふく　服、福、拭く、吹く

Japanese	Kana	English
服	ふく	dress, costume
福	ふく	good fortune; luck
拭く	ふく	to wipe; to mop
吹く	ふく	to blow

ふくし　福祉、副詞

Japanese	Kana	English
福祉	ふくし	welfare
副詞	ふくし	adverb

ふるい　　　古い、篩

Japanese	Kana	English
古い	ふるい	old
篩	ふるい	sieve

ふよう　　　不用、扶養

Japanese	Kana	English
不用の	ふよう　の	unnecessary, useless
扶養家族	ふよう　かぞく	dependents

げんきん　　　現金、厳禁

Japanese	Kana	English
現金で払う	げんきん　で　はらう	to pay in cash
厳禁する	げんきん　する	to strictly forbid

げんこう　　　現行、原稿、元寇、言行

Japanese	Kana	English
現行制度で	げんこう　せいど　で	under the current system
原稿	げんこう	manuscript
元寇	げんこう	the Mongolian Invasion
言行が一致しない	げんこう　が　いっち　しない	to say one thing and do another

げんしょく　　現職、原色、減食

Japanese	Kana	English
現職に留まる	げんしょく に とどまる	to remain in one's present occupation
原色	げんしょく	a primary color
減食する	げんしょく する	to reduce one's diet

はいすい　　廃水、排水、配水、背水

Japanese	Kana	English
廃水	はいすい	waste water
排水する	はいすい する	to drain; to pump out water
配水管	はいすい かん	water supply pipe; conduit pipe
背水の陣を敷く	はいすい の じん を しく	to burn one's bridges behind one

はけん　　覇権、派遣

Japanese	Kana	English
覇権	はけん	supremacy; hegemony
派遣する	はけん する	to send; to dispatch

はっこう　　発光、発効、発行、発酵

Japanese	Kana	English
発光塗料	はっこう　とりょう	luminous paint
発効する	はっこう　する	to go into effect
発行日	はっこう　び	date of issue; date of publication
発酵	はっこう	fermentation

はんらん　　氾濫、反乱

Japanese	Kana	English
氾濫	はんらん	flooding; inundation
反乱を起こす	はんらん　を　おこす	to rise in revolt; to start a rebellion

ほうか　　砲火、法科、法貨、放火、放歌

Japanese	Kana	English
砲火を交える	ほうか　を　まじえる	to exchange gunfire
法科を出た人	ほうか　を　でた　ひと	a graduate of the law department
法貨	ほうか	legal tender
放火犯人	ほうか　はんにん	arsonist
放歌高吟する	ほうか　こうぎん　する	to sing boisterously; to sing in a loud voice

ほうき　　放棄、箒、法規、蜂起

Japanese	Kana	English
戦争の放棄	せんそう の ほうき	the renunciation of war
箒で掃く	ほうき で はく	to sweep with a broom
現行法規	げんこう ほうき	the law in force
蜂起する	ほうき する	to rise in rebellion

ほんい　　本意、本位

Japanese	Kana	English
本意	ほんい	one's real intention
品質本位	ひんしつ ほんい	quality first

ほうそう　　包装、放送

Japanese	Kana	English
包装紙	ほうそう し	wrapping paper
放送番組	ほうそう ばんぐみ	a radio [TV] program

いじ　　維持、意地

Japanese	Kana	English
維持費	いじ ひ	maintenance expenses
意地の悪い	いじ の わるい	ill-natured

いじょう　　異常、委譲、以上

Japanese	Kana	English
異常事態	いじょう　じたい	abnormal condition
委譲する	いじょう　する	to transfer
以上のごとく	いじょう　の　ごとく	as mentioned above

いき　　域、意気、息、粋、生き

Japanese	Kana	English
素人の域を超える	しろうと　の　いき　を　こえる	to rise above the level of an amateur
意気	いき	spirits
息をする	いき　を　する	to breathe; to draw one's breath
粋な	いき　な	stylish; chic
生きの悪い	いき　の　わるい	stale

いっかい　　一階、一回、一介

Japanese	Kana	English
一階	いっかい	the first floor; the ground floor
一回	いっかい	once; one time
一介の勤め人	いっかい　の　つとめにん	a mere office worker

いくじ　　育児、意気地

Japanese	Kana	English
育児	いくじ	child-rearing
意気地のない	いくじ の ない	chickenhearted; timid

いたむ　　痛む、悼む、傷む

Japanese	Kana	English
歯がひどく痛む	は が ひどく いたむ	one's tooth hurts horribly
悼むべき	いたむ べき	lamentable
傷んだリンゴ	いたんだ リンゴ	a bruised apple

いと　　意図、糸

Japanese	Kana	English
意図する	いと する	to intend to do; to have the intention of doing
針に糸を通す	はり に いと を とおす	to pass a thread through a needle

じこ　　事故、自己

Japanese	Kana	English
事故防止運動	じこ ぼうし うんどう	a "safety-first" movement
自己を知る	じこ を しる	to know oneself

じこく　　自国、時刻

Japanese	Kana	English
自国の習慣	じこく　の　しゅうかん	the customs of one's own country
時刻を違えずに	じこく　を　たがえず　に	punctually, on time

じぜん　　慈善、次善、事前

Japanese	Kana	English
慈善団体	じぜん　だんたい	charitable organization
次善の計画	じぜん　の　けいかく	the second-best plan
事前に知らせる	じぜん　に　しらせる	to inform someone in advance

じょうとう　　上等、常套

Japanese	Kana	English
上等の	じょうとう　の	superior; excellent
常套手段	じょうとう　しゅだん	an old trick; one's favorite tactic

じゅうてん　　充填、重点

Japanese	Kana	English
充填する	じゅうてん　する	to fill up; to plug up
重点をおく	じゅうてん　を　おく	to place emphasis on something

かど　廉、過度、角、門

Japanese	Kana	English
強盗の廉で逮捕される	ごうとう の かど で たいほ される	to be arrested on a robbery charge
過度に飲酒する	かど に いんしゅ する	to drink excessively
角のある	かど の ある	angular
人の門に立つ	ひと の かど に たつ	to go begging

かいほう　海法、介抱、回報、快方、開放、快報

Japanese	Kana	English
海法	かいほう	maritime law
介抱する	かいほう する	to nurse, to tend, to look after
回報	かいほう	a circular
会報	かいほう	a bulletin; report [of committee or society]
快方に向かう	かいほう に むかう	to get better, to improve
国を開放する	くに を かいほう する	to open the country (to foreign influences)
快報	かいほう	good news; glad tidings

かいきん　　解禁、皆勤、開襟

Japanese	Kana	English
解禁する	かいきん　する	to lift a ban; to remove a prohibition
皆勤する	かいきん　する	to attend (work) without missing a day
開襟シャツ	かいきん　シャツ	open-collared shirt

かいこ　　解雇、回顧、懐古

Japanese	Kana	English
解雇される	かいこ　される	to be fired
回顧的な	かいこてき　な	retrospective (adj.)
懐古の情	かいこ　の　じょう	nostalgia

かんかく　　感覚、間隔

Japanese	Kana	English
感覚が鋭い	かんかく　が　するどい	to have keen senses
間隔を置く	かんかく　を　おく	to leave a space (between two things)

196

かんりょう　　完了、官僚

Japanese	Kana	English
完了する	かんりょう　する	to complete, to finish
官僚的な	かんりょうてき　な	bureaucratic

きげん　　起源、紀元、期限、機嫌

Japanese	Kana	English
X に起源する	X に　きげん　する	to originate in X; to arise from X
紀元	きげん	an epoch, an era
支払期限	しはらい　きげん	the due date for payment
機嫌のとりにくい人	きげん　の　とりにくい　ひと	a person who is hard to please

きかい　　器械、機械、機会、奇怪

Japanese	Kana	English
器械	きかい	an instrument, an apparatus
機械技師	きかい　ぎし	mechanical engineer
機会を待つ	きかい　を　まつ	to await an opportunity
奇怪な	きかい　な	strange, weird

きかく　　規格、企画

Japanese	Kana	English
規格化する	きかくか　する	to standardize
企画する	きかく　する	to make a plan

きこう　　起稿、気候、気孔、起工、機構、帰校、機甲

Japanese	Kana	English
起稿する	きこう　する	to draft, to begin writing
気候の変わり目	きこう　の　かわりめ	[at] the change of season
気孔	きこう	pore
起工する	きこう　する	to begin the work/construction
機構改革	きこう　かいかく	organizational reform
帰校する	きこう　する	to return to school
帰港する	きこう　する	to return to port
機甲部隊	きこう　ぶたい	an armored corps; armored division

きみ　　君、黄身、気味

Japanese	Kana	English
君	きみ	you
黄身	きみ	yolk
気味が悪い	きみ　が　わるい	to have a nervous/uneasy feeling

きり　　　桐、錐、霧、きり

Japanese	Kana	English
桐	きり	paulownia
錐	きり	gimlet; awl; auger
霧が晴れる	きり が はれる	the fog clears
きりのない	きり の ない	endless; limitless

きせい　　　気勢、寄生、既製、既成、規正、規制

Japanese	Kana	English
気勢をあげる	きせい を あげる	to become elated
寄生する	きせい する	to live as a parasite on
既製の	きせい の	manufactured; ready-made
既成事実	きせい じじつ	an established fact; fait accompli
規正する	きせい する	to rectify
交通規制	こうつう きせい	traffic control

こうちょう　　　校長、高潮、好調、紅潮

Japanese	Kana	English
小学校の校長	しょうがっこう の こうちょう	a primary school principal
高潮	こうちょう	high tide; the climax
万事好調である	ばんじ こうちょう で ある	Everything is going well
紅潮する	こうちょう する	to blush

こうか　　効果、降下、高価、硬化、工科

Japanese	Kana	English
効果	こうか	effect
降下する	こうか　する	to descend, to fall
高価な	こうか　な	expensive
硬化する	こうか　する	to harden
工科	こうか	engineering department

こうかい　　航海、公開、後悔

Japanese	Kana	English
航海	こうかい	voyage, navigation
公開する	こうかい　する	to open to the public
後悔する	こうかい　する	to regret

こっか　　国花、国家、国歌、刻下

Japanese	Kana	English
国花	こっか	national flower
国家	こっか	nation; state
国歌	こっか	national anthem
刻下の急務の問題	こっか　の　きゅうむ　の　もんだい	the burning question of the day

こうすい　　香水、硬水、鉱水、降水

Japanese	Kana	English
香水	こうすい	perfume
硬水	こうすい	hard water
鉱水	こうすい	mineral water
降水量	こうすい　りょう	amount of precipitation

きょうぎ　　競技、狭義、教義、協議

Japanese	Kana	English
競技に勝つ	きょうぎ　に　かつ	to win at a match
狭義の意味合い	きょうぎ　の　いみあい	a narrow context
教義	きょうぎ	a doctrine; a dogma
協議する	きょうぎ　する	to confer with; to hold a conference

きょうよう　　教養、共用、強要

Japanese	Kana	English
教養のある	きょうよう　の　ある	educated; cultured
共用する	きょうよう　する	to use (a thing) in common
強要する	きょうよう　する	to force; to compel

きゅうぞう　　急増、急造、吸蔵

Japanese	Kana	English
急増する	きゅうぞう　する	to increase suddenly
急造する	きゅうぞう　する	to construct (a building) in haste
吸蔵する	きゅうぞう　する	to occlude

むき　　向き、無期、無機

Japanese	Kana	English
むきになる	むき　に　なる	to become serious; to take (a joke) seriously
向き	むき	direction
無期延期	むき　えんき	indefinite postponement
無機化合物	むき　かごうぶつ	inorganic compound

むね　　胸、旨、棟

Japanese	Kana	English
胸を張って歩く	むね　を　はって　あるく	to walk with one's chest out; to walk with one's head held high
X を旨とする	X を　むね　と　する	to make a point of doing X
棟	むね	ridge of a roof

おり　　澱、檻、折

Japanese	Kana	English
コーヒーの澱	コーヒー の おり	coffee grounds
鳥の檻	とり の おり	birdcage
お着物の折	おきもの の おり	the folds of a kimono

れい　　零、令、霊、例、礼

Japanese	Kana	English
試験で零を取る	しけん で れい を とる	to get a zero on an exam
令	れい	orders; a command
霊と肉	れい と にく	spirit and flesh; body and soul
例のとおり	れい の とおり	as usual
礼を尽くす	れい を つくす	to show a person every courtesy

りょうほう　　良法、両方、療法

Japanese	Kana	English
良法	りょうほう	a good way; an effective way
両方の	りょうほう の	both
療法	りょうほう	medical treatment; remedy

さいしん　　最新、再審、細心

Japanese	Kana	English
最新流行の	さいしん　りゅうこう　の	of the latest fashion
再審する	さいしん　する	to retry; to rehear (a case)
細心の注意を払う	さいしん　の　ちゅうい　を　はらう	to pay close attention to

さんか　　産科、酸化、参加、傘下

Japanese	Kana	English
産科	さんか	obstetrics
酸化する	さんか　する	to oxidize
参加する	さんか　する	to participate
傘下の	さんか　の	under the influence [of]

せんせい　　占星、先生、宣誓、専制

Japanese	Kana	English
占星学	せんせい　がく	astrology
早川先生	はやかわ　せんせい	Professor Hayakawa
宣誓する	せんせい　する	to swear an oath
専制的な	せんせい　てき　な	autocratic; despotic

しも　　　　下、霜

Japanese	Kana	English
下	しも	the lower part
霜で枯れる	しも　で　かれる	to be blighted by frost

しんど　　　深度、震度、進度

Japanese	Kana	English
深度を測る	しんど　を　はかる	to measure the depth
震度6の強震	しんど　ろく　の　きょうしん	a strong earthquake with a magnitude of six on the seismic scale
学期によって進度が違う	がっき　に　よって　しんど　が　ちがう	the rate of progress [of the class] varies from semester to semester

しゅうせん　　　終戦、周旋

Japanese	Kana	English
終戦になる	しゅうせん　に　なる	the war comes to an end
Xの周旋で	X　の　しゅうせん　で	through the good offices of

そうぎょう　　　創業、操業

Japanese	Kana	English
創業50年を祝して	そうぎょう　ごじゅうねん　を　しゅく　して	in celebration of the 50th anniversary of the foundation (of a business)

Japanese	Kana	English
操業を短縮する	そうぎょう を たんしゅく する	to reduce operations

そらす　　逸らす、反らす

Japanese	Kana	English
質問を逸らす	しつもん を そらす	to side-step a question
胸を反らす	むね を そらす	to throw out one's chest

そうろん　　総論、争論

Japanese	Kana	English
総論	そうろん	general remarks
争論する	そうろん する	to have a dispute (with)

すいりょう　　推量、水量

Japanese	Kana	English
推量する	すいりょう する	to guess; to conjecture
水量	すいりょう	quantity/volume of water

すむ　　住む、済む、澄む

Japanese	Kana	English
住む	すむ	to live
済む	すむ	to end, to come to an end
澄む	すむ	to become clear

たいほ　　逮捕、退歩

Japanese	Kana	English
逮捕状	たいほ　じょう	arrest warrant
退歩的な	たいほてき　な	backward; retrogressive

とうよう　　東洋, 盗用, 当用, 登用

Japanese	Kana	English
東洋文明	とうよう　ぶんめい	East Asian civilization
盗用する	とうよう　する	to embezzle
当用漢字	とうよう　かんじ	kanji for daily use
登用する	とうよう　する	to appoint (to a position)

つうか　　通過、通貨

Japanese	Kana	English
通過する	つうか　する	to pass through

Japanese	Kana	English
通貨の流入	つうか の りゅうにゅう	influx of currency

つる　蔓、鶴、吊る、釣る、弦

Japanese	Kana	English
蔓	つる	vine
鶴の一声	つる の ひとこえ	"the voice of the crane"; voice of authority
吊る	つる	to hang; to put up
釣る	つる	to fish, to angle for fish
弦を張る	つる を はる	to string a bow

つゆ　汁、梅雨、露

Japanese	Kana	English
汁を飲む	つゆ を のむ	to consume soup
梅雨の明け	つゆ の あけ	the passing of the rainy season
露が降りる	つゆ が おりる	the dew falls

うちわ　団扇、内輪

Japanese	Kana	English
団扇を使う	うちわ を つかう	to fan oneself
内輪のこと	うちわ の こと	one's private affairs

うみ　　膿、海、生み

Japanese	Kana	English
膿を持つ	うみ を もつ	to fester; to contain pus
海が荒れている	うみ が あれて いる	the sea is rough
生みの母	うみ の はは	one's true mother; one's biological mother

わき　　脇、和気、腋

Japanese	Kana	English
脇を見る	わき を みる	to look away; to look aside
和気あいあいたる	わき あいあいたる	harmonious; peaceful
腋	わき	the side of the chest

わく　　枠、沸く、湧く

Japanese	Kana	English
枠をつける	わく を つける	to frame; to put a thing in a frame
沸く	わく	to boil; to seethe
湧く	わく	to gush; to spring forth

ぜんぶ　　全部、前部

Japanese	Kana	English
全部で	ぜんぶ で	in all, altogether, all told
最前部	さいぜんぶ	the forefront

ぜんちょう　　前兆、全長

Japanese	Kana	English
全長	ぜんちょう	total length
雨の前兆である	あめ　の　ぜんちょう　で　ある	to presage rain; to be a sign of rain

Vocabulary Associated with Some Major Kanji

一　いち、ひと　one, single

Japanese	Kana	English
一々	いち いち	one by one
一人称	いちにんしょう	first person (in grammar)
一日中	いちにち じゅう	all day long
一言	ひとこと、いちごん	a single word
一定不変	いってい ふへん	invariable, permanent
一方的な	いっぽうてき な	one-sided, unilateral
一皿	ひとさら	a plate, a dish of food

二　に、ふた　two, double

Japanese	Kana	English
二十代	にじゅうだい	one's twenties
二十日	はつか	twenty days, the 20th of the month
二次的な	にじてき な	secondary
二十歳	はたち	twenty years old
二重の	にじゅう の	double, dual

三　さん、み　three, triple

Japanese	Kana	English
三重の	さんじゅう の	threefold, triple
三乗根	さんじょうこん	cube root
三流の	さんりゅう の	third-rate, third class

Japanese	Kana	English
三拝九拝	さんぱい きゅうはい	kowtowing, bowing repeatedly
三桁	みけた	hundreds (in numbers)

完　かん　completion

Japanese	Kana	English
完済する	かんさい する	to pay in full
完敗	かんぱい	complete defeat
完備している	かんび して いる	to be fully equipped
完成品	かんせいひん	completed product
完訳	かんやく	complete translation
完全無欠	かんぜん むけつ	absolute perfection
完勝	かんしょう	complete victory

計　けい、はか（る）、はか（らう）　plan; to plan

Japanese	Kana	English
計画を立てる	けいかく を たてる	to make a plan
計画的な	けいかくてき な	intentional, deliberate
計画的に	けいかくてき に	deliberately, on purpose
計画どおりに実行する	けいかく どおり に じっこう する	to carry out according to plan
計画部	けいかく ぶ	planning department
計画経済	けいかく けいざい	planned economy

家　　か、け、いえ、や　household, home

Japanese	Kana	English
家計	かけい	family budget
家来	けらい	vassal, retainer
家事	かじ	housework

始　　し、はじ（まる）、はじ（める）　beginning, to begin

Japanese	Kana	English
始まる・始める	はじまる・はじめる	to begin (i/t)
開始	かいし	beginning
始終	しじゅう	from first to last, all the while

軽　　けい、かる（い）、かろ（やか）　light

Japanese	Kana	English
軽薄な	けいはく　な	fickle, insincere
軽音楽	けいおんがく	light music
軽視する	けいし　する	to slight, to make light of
軽金属	けいきんぞく	light metal
軽率な	けいそつ　な	rash, hasty, thoughtless

重　　じゅう、ちょう、おも（い）、かさ（なる）、かさ（ねる）
weight, heavy

Japanese	Kana	English
重なる	かさなる	to lie on top of each other
重ねる	かさねる	to pile on top of each other

重商主義	じゅうしょうしゅぎ	mercantilism
重水	じゅうすい	heavy water

加　　か、くわ（える）　　**to add, addition**

Japanese	Kana	English
加算する	かさん　する	to add
付加価値	ふか　かち	value added
加わる	くわわる	to join
加える	くわえる	add; increase; inflict
冥加	みょうが	divine protection

大　　だい、たい、（おお）きい　**large**

Japanese	Kana	English
大して	たいして	much; important
大きさ	おおきさ	size
大凡	おおよそ	approximately
大自然	だいしぜん	Mother Nature
大袈裟	おおげさ	exaggerated

最　　さい、も　　**most**

Japanese	Kana	English
最大の	さいだい　の	maximum
最小の	さいしょう　の	smallest
最良の	さいりょう　の	best, finest
最長の	さいちょう　の	longest
最低の	さいてい　の	lowest; minimum
最適な	さいてき　な	most suitable; most

Japanese	Kana	English
		appropriate
最初の	さいしょ の	the first, original
最後に	さいご に	finally, lastly

族　ぞく　family, tribe

Japanese	Kana	English
族制政治	ぞくせい せいじ	patriarchal government
族生植物	ぞくせい しょくぶつ	a gregarious (social) plant
部族制度	ぶぞく せいど	tribal system

面　めん、おもて、おも、つら　face, surface

Japanese	Kana	English
面と向かって	めん と むかって	to a person's face; face-to-face
表面	ひょうめん	surface, exterior
面目	めんぼく	honor, prestige

人　じん、にん、ひと　person, human

Japanese	Kana	English
人情	にんじょう	humaneness, sympathy
人間嫌い	にんげん ぎらい	misanthropy
非人間的な	ひにんげんてき な	inhuman; impersonal
人材	じんざい	person of talent
人材主義	じんざい しゅぎ	meritocracy; merit system

215

Also from Beechmont Crest Publishing...

虎

鬼

馬鹿

TIGERS, DEVILS, AND FOOLS:

諺

A GUIDE TO JAPANESE PROVERBS

ことわざ

by
Edward Trimnell

ISBN: 0974833029

Visit the sites below for more innovative books that will help you to master Japanese.

www.beechmontcrest.com
www.japanese123.com

Printed in the United States
83611LV00002B/143/A